Contos amigos

Yvonne A. Pereira

Contos amigos

4º Livro

Leitura educativa, doutrinária, moral e recreativa para adolescentes.
Obra orientada e dirigida pelos Espíritos guias da médium.

FEB

Copyright © 1973 *by*
FEDERAÇÃO ESPÍRITA BRASILEIRA – FEB

1ª edição – 3ª impressão – 3 mil exemplares – 9/2016

ISBN 978-85-7328-919-0

Todos os direitos reservados. Nenhuma parte desta publicação pode ser reproduzida, armazenada ou transmitida, total ou parcialmente, por quaisquer métodos ou processos, sem autorização do detentor do *copyright*.

FEDERAÇÃO ESPÍRITA BRASILEIRA – FEB
Av. L2 Norte – Q. 603 – Conjunto F (SGAN)
70830-106 – Brasília (DF) – Brasil
www.febeditora.com.br
editorial@febnet.org.br
+55 61 2101 6198

Pedidos de livros à FEB
Gerência comercial
Tel.: (61) 2101 6168/6177 – comercialfeb@febnet.org.br

Dados Internacionais de Catalogação na Publicação (CIP)
(Federação Espírita Brasileira – Biblioteca de Obras Raras)

P436c   Pereira, Yvonne do Amaral, 1900–1984

        Contos amigos: leitura educativa, doutrinária, moral e recreativa para adolescentes. Obra orientada e dirigida pelos Espíritos guias da médium./ Yvonne A. Pereira. – 1. ed. – 3. imp. – Brasília: FEB, 2016.

        156 p.; 23 cm – (Coleção Yvonne A. Pereira)

        Inclui referências

        ISBN 978-85-7328-919-0

        1. Evangelização Espírita Infantojuvenil. 2. Espiritismo. I. Federação Espírita Brasileira. II. Título. III. Coleção.

                              CDD 133.9
                              CDU 133.7
                              CDE 82.00.00

Sumário

Apresentação 7
Prefácio 11

1 O bom pastor 13
1.1 Nicolau 13
1.2 A ovelha fujona 16
1.3 O lobo da montanha 19
1.4 A volta ao aprisco 21

2 As aventuras de Paulo 29
2.1 Um menino peralta 29
2.2 História de um galarote 32
2.3 O teatro 35
2.4 O conselho do Céu 38

3 O cãozinho amoroso 45
3.1 Mosquito 45
3.2 Um cão sofredor 49
3.3 A fuga 52
3.4 Os antigos donos 54

4 O menino Raimundinho 59
4.1 Um menino trabalhador 59
4.2 O ideal de Raimundinho 61

4.3 O auxílio de Jesus	62
4.4 Raimundo estudante	65
4.5 Raimundo vitorioso	66
5 UM HOMEM NOTÁVEL	71
5.1 O meu amigo Gervásio	71
5.2 O bosque	74
6 O MENINO DESOBEDIENTE	79
6.1 Antenorzinho	79
6.2 O desastre	82
6.3 No Além-túmulo	85
7 A REENCARNAÇÃO	91
7.1 Dois amigos	91
7.2 A mensagem do Céu	93
7.3 A volta	96
8 OS NOSSOS IRMÃOS MENORES	103
8.1 A conversa de Luisinha	103
8.2 Os macacos	108
9 O MENINO QUE ERA MÉDIUM	117
9.1 Mãe e filha conversavam	117
9.2 O passeio	119
9.3 A volta	122
10 UM DRAMA	131
10.1 Os pais	131
10.2 Os filhos	133
10.3 A ingratidão suprema	135
11 A INTELIGÊNCIA DOS ANIMAIS	141
11.1 Luisinha e sua mãe	141
11.2 Observações dos sábios	142
11.3 Observações pessoais	147
Referências	155

Apresentação

É com júbilo e emoção que a Federação Espírita Brasileira (FEB) traz a público quatro livros inéditos de Yvonne A. Pereira, os quais, embora inspirados mediunicamente, foram, todavia, assinados pela grande médium por determinação de seus guias espirituais, à semelhança do que ocorreu com as obras *Devassando o invisível* e *Recordações da mediunidade*, igualmente de sua autoria, publicadas pela FEB, respectivamente, em 1964 e 1968.

Esses manuscritos eram em número de dez, conforme registros existentes na FEB: *Contos amigos, Evangelho aos simples, A família espírita, A lei de Deus, O livro de Eneida, O livro imortal, Páginas do coração, Pontos doutrinários, As três revelações* e *A vida em família*.

A FEB os teve sob sua guarda durante algum tempo, com as respectivas cessões de direitos autorais, até que a própria médium pediu a devolução, pois a Casa de Ismael não poderia atender a seu pedido de publicação imediata.

Sobre o destino que se teria dado a esses manuscritos, após sua devolução à médium, não existia nenhum registro concreto, a não ser especulações.

Há cerca de um ano, familiares de Yvonne A. Pereira nos confiaram quatro desses manuscritos, que transferimos imediatamente à FEB, a saber, *A família espírita, Evangelho aos simples, As três revelações* e *Contos amigos*, declarando eles também nada saberem a respeito dos seis restantes.

Sobre as obras em si, seu atualíssimo conteúdo, apesar de haverem sido escritas entre 1964 e 1971 — há mais de quarenta anos, portanto — nada diremos, preferindo respigar trechos dos textos que introduzem cada obra.

De "Advertência aos pais de família", texto com que Bezerra de Menezes apresenta a obra *A família espírita*, colhemos:

> Pediram-me que patrocinasse uma exposição da moral evangélico-espírita para uso dos pais de família nos primeiros passos da educação religiosa e filosófica dos filhos.
>
> [...]
>
> Estas páginas, porém, foram escritas de preferência para os adultos de poucas letras doutrinárias e não propriamente para crianças, visto que para ensinar a Doutrina Espírita aos filhos é necessário que os pais possuam noções doutrinárias, um guia, um conselheiro que lhes norteie o caminho.

Em *O evangelho aos simples*, a médium insere, em suas palavras introdutórias, sob o título "Aos pais", as seguintes instruções de Bezerra de Menezes:

Escreveu ele, orientando-me:

> Reúne cabedais da vida real, relativos à criança, para desenvolver os temas das lições. [...] Nada inventes, nada cries de ti mesma. Será necessário que te apoies unicamente em fatos legítimos e não em ficções. Jamais apresentes à criança o ensino evangélico-espírita baseado na inverdade. Narra apenas acontecimentos comuns da vida relacionados

com a própria criança. As intuições levantarão de teu âmago sob o influxo dos instrutores espirituais, facilitando-te o trabalho.

Em sua "Introdução" à obra *As três revelações,* Bezerra de Menezes sentencia:

> Erro seria supor que a infância moderna se chocaria frente à verdade espírita e à transcendência evangélica. Habituada à brutalidade dos costumes atuais, presa a uma literatura forte e destrutiva, que lhe apresenta o pior tipo da conduta humana, seria descaridoso, seria mesmo criminoso desinteresse deixá-la entregue a tal aprendizado sem o reativo da magnificência da Verdade que do Alto há jorrado para socorro dos necessitados de progresso, de paz e de luz.

E, finalmente, em *Contos amigos,* lemos no "Prefácio" ditado pelo generoso coração de Yvonne A. Pereira:

> Estas páginas, em sendo a expressão da realidade vivida no dia a dia da existência humana, são também produções da nossa faculdade mediúnica, que obteve, por meio de intuições, o influxo poderoso da Espiritualidade, sua orientação e direção a fim de escrevê-las. Nicolau, Paulo Aníbal, Gervásio, Raimundinho, Antenorzinho, Tharley, Maurício, Joaninha, D. Teresa, todos os figurantes aqui apresentados são individualidades que realmente existiram neste mundo e laboraram, ou ainda laboram, nos arraiais espíritas como dedicados intérpretes da orientação do Alto.

O leitor atento saberá distinguir, no conteúdo das quatro obras, a temporaneidade de ambientes, cenários, práticas, costumes, linguagens, e a intemporalidade do ensino moral, todo fundamentado nos ensinos e exemplos de Jesus e explicados, em espírito e verdade, pela Revelação dos Espíritos.

Que os corações de boa vontade se abram aos jorros de luz da obra concebida no venerando coração do Espírito Bezerra de Menezes e oferecida à sociedade através das faculdades mediúnicas de sua dileta pupila, Yvonne A. Pereira!

Affonso Borges Gallego Soares
Brasília (DF), maio de 2013.

Prefácio

Trata-se de uma leitura educativa, doutrinária e moral, para o adolescente espírita, a qual também servirá para o leitor iniciante, ao mesmo tempo simples e recreativa. Erro seria, porém, julgar que esses pequenos textos são frutos exclusivos da nossa pena, ficção adaptada à moral evangélica e à Doutrina Espírita.

Estas páginas, em sendo a expressão da realidade vivida no dia a dia da existência humana, são também produções da nossa faculdade mediúnica que obteve, por meio de intuições, o influxo poderoso da Espiritualidade, sua orientação e direção a fim de escrevê-las. Nicolau, Paulo Aníbal, Gervásio, Raimundinho, Antenorzinho, Tharley, Maurício, Joaninha, D. Teresa, todos os figurantes aqui apresentados são individualidades que realmente existiram neste mundo e laboraram, ou ainda laboram, nos arraiais espíritas como dedicados intérpretes da orientação do Alto.

Às almas queridas de Adolfo Bezerra de Menezes e de Léon Tolstoi, que escreveu textos para crianças quando ainda encarnado, devo esses contos amigos. Deixarei, no entanto, ao cuidado do próprio leitor adulto destacar a inspiração fornecida por um e a fornecida pelo outro, pois ambas são visíveis, sendo fácil destacá-las.

E como o trabalho mediúnico obtido pela intuição comumente não é assinado pelo seu autor espiritual, além de que os temas aqui desenvolvidos foram por nós apresentados a eles e não por eles a nós, deixaram, aqueles queridos irmãos, de assinar este singelo volume. Assim sendo, assumimos, por eles, a responsabilidade de assinar o que aí fica.

Yvonne A. Pereira
Rio de Janeiro, 26 de abril de 1971.

1

O BOM PASTOR

Neste capítulo, serão relatados quatro temas: Nicolau; A ovelha fujona; O lobo da montanha; e A volta ao aprisco.

1.1 Nicolau

Num antigo país do norte da Europa, onde caía muita neve e fazia muito frio, há muitos anos existia um pastor de ovelhas chamado Nicolau.

Nicolau era um homem bondoso, crente em Deus e possuidor de muito boas qualidades do coração. Para ser assim bondoso, o homem precisa ser amável, caridoso para com o seu próximo, amoroso para a família, honesto, trabalhador, entre outras virtudes.

Nicolau possuía cem ovelhas brancas, muito bonitas e gordinhas. Tanto amor ele sentia por elas que, aos domingos, ele se punha a desembaraçar a lã que as cobria com uma escova de arame feita por ele próprio, retirando delas os carrapichos e carrapatos que porventura pegassem no couro.

No pescoço das ovelhas ele amarrava uma cordinha prendendo um sininho que se chamava cincerro. Quando as ovelhinhas caminhavam depressa o cincerro balançava e repicava assim: delém-delém-delém--delém-delém-delém...

Se elas caminhavam um pouco mais devagar, os sininhos também mais devagar: delém-delém-delém-delém-delém-delém...

E quando elas pastavam, cada vez que arrancavam do chão um bocado de capim ou de feno, o sininho apenas dizia: delém-delém-delém--delém-delém-delém...

Nicolau gostava de ouvir essa música e sorria contemplando as suas ovelhas no campo o dia todo. Sentia-se inspirado também ao ouvi-las, e por isso retirava de uma sacola de couro, que sempre levava consigo, a sua flauta de madeira e punha-se a tocar umas melodias muito doces, próprias do campo, isto é, bucólicas.

Ele era casado com uma moça muito boa e linda, chamada Lucina, que usava duas tranças louras muito brilhosas. Lucina amarrava um laço de fita azul em cada trança e as deixava a frente, caídas sobre o peito, uma de cada lado, em vez de deixá-las para a frente, Nicolau achava as tranças de sua mulher uma beleza, e dizia consigo mesmo:

— As tranças de minha mulher são a minha alegria...

O pastor tinha um filho chamado André. Era um lindo menino de três anos de idade. Adorava os pais e os pais também o adoravam. Todas as manhãs, mal o Sol se levantava no horizonte, Nicolau levava as suas ovelhinhas para pastar num campo macio e muito verde, rico de feno e capim, na orla da floresta. Bem perto corria um ribeirinho de águas muito claras e frescas, que brilhavam quando o Sol se refletia nelas. Nesse ribeirinho as ovelhas bebiam água e ele próprio também bebia, pois a água era fresca e muito pura porque descia de umas montanhas que se erguiam ao longe.

Com ele ia também para o campo o cão vigia chamado Xugo-Nugo, cão de raça, muito valente, que não temia as raposas nem os lobos da montanha, mas que era bonzinho para o dono e as ovelhas e ajudava o pastor a zelar pelo rebanho.

Nicolau levava o seu almoço para o campo, arrumado cuidadosamente em um bornal, levava o chá numa garrafa, levava o cajado e o seu manto de lã grossa, pois a terra dele era muito fria. Levava também uma trombeta feita de chifre de touro, para chamar as ovelhas, quando elas se distanciavam dele e quando era preciso reuni-las para regressarem ao estábulo.

Nessa ocasião, Nicolau soprava na trombeta e a trombeta soava assim: pu... pu-pu... pu-pu-pu-pu... pu-pu... pu-pu...

As ovelhinhas ouviam de longe, corriam e vinham para junto dele, balançando o sininho do pescoço, chamado cincerro, e marchavam todas, com ele, para casa.

Nicolau ia à frente, guardando as ovelhas. O cão ia atrás, vigiando para que nenhum lobo ou nenhum urso surpreendesse as ovelhas, e estas iam no meio.

De longe, Lucina avistava-os, abria o portão e esperava. O portão era pequeno e possuía uma repartição tão hábil que somente podia passar por ela uma ovelha de cada vez. Era nesse momento que Nicolau e sua mulher contavam as ovelhas.

Era preciso contá-las todos os dias, porque se faltasse apenas uma seria preciso o bom pastor voltar ao campo a fim de procurá-la.

Uma vez em casa, as ovelhinhas eram reunidas no estábulo, lugar muito confortável, que Nicolau fizera para eles. Ali havia capim, alfafa, milho, água, tudo de que elas necessitassem, e depois elas dormiam.

O cão vigia, o Xugo-Nugo, com outros cães comandados por ele, tomavam conta de tudo, no enorme quintal. Eram três cães, além do Xugo-Nugo: Barxiquiri, Cossaco, e a cadela Florcheirosa, mais brava e valente do que os outros três.

Depois do jantar, Nicolau sentava-se à beira da lareira, fazia as orações, conversava com a mulher, a Lucina das lindas tranças louras amarradas com fita azul e jogadas para frente, em vez de para trás, e cantava baixinho para adormecer o filhinho, que ficava no colo dele. De outras vezes, visitava os vizinhos, ou era visitado por eles, cantavam juntos, tocavam violão, conversavam , tomavam chá ou comiam uma ceiazinha, antes de se recolherem para dormir. E no dia seguinte, e durante o ano inteiro a mesma coisa se repetia.

Nicolau era feliz com a família, com o trabalho, com os vizinhos, e com as suas queridas ovelhas. Com os cães, as galinhas e os gansos ele era feliz também.

Do leite das ovelhas ele e sua mulher faziam queijos e requeijões, que eram vendidos na cidade juntamente com os ovos das galinhas e os frangos. Da lã que cobria o corpo das ovelhas eles faziam cobertores, mantos, paletós e diversos agasalhos para o inverno, e os vendiam também.

Era uma vida simples e honesta, abençoada por Deus.

1.2 A ovelha fujona

Um dia, porém, aconteceu uma coisa imprevista.

Nicolau fora para o campo com as ovelhinhas e o cão Xugo-Nugo, como de costume.

Tudo correra bem e calmamente, durante o dia.

À hora do regresso, como de hábito, ele tomou da trombeta e chamou as ovelhas, como fazia sempre: pu... pu-pu... pu-pu-pu-pu... pu--pu... pu-pu...

As ovelhinhas ouviram de longe e correram para junto dele. Enquanto elas corriam, o sininho do pescoço, chamado cincerro, tocava sem parar, muito depressa:

Delém-delém-delém-delém-delém...

O pastor pegou o manto, o bornal, já vazio, e o cajado, e disse ao cão:

— Vamos embora, Xugo-Nugo...

O cão atendeu como se fosse uma pessoa, colocou-se atrás do rebanho enquanto o dono se colocava à frente e começaram todos a marchar de volta a casa.

Uma das ovelhinhas, porém, justamente a mais branquinha e mimosa, que sabia balir com mais doçura, e cujo sininho do pescoço embalançava com mais meiguice, não quis ir para junto do bom pastor. Estava descansando à sombra de um arbusto, meio oculta pela folhagem, ruminando preguiçosamente.

Talvez ela até pensasse assim, em vez de falar, pois os animais não falam como os homens falam. Na verdade, os animais também são criaturas de Deus, mas ainda não receberam das Leis divinas o dom da palavra. Eles apenas possuem uma voz para se entenderem uns com os outros. Talvez até a ovelhinha meditasse assim:

— Hoje eu quero é passear. Não quero ficar presa naquele estábulo. Quero vagar por este prado, que é tão lindo e macio, e ver o luar refletido nas águas do ribeirinho... Não vou! Não quero ir para a casa e não vou mesmo!

E não foi!

Nicolau distanciou-se com as outras, e quando a branquinha percebeu que eles já iam longe, levantou-se e começou a passear pelo prado, sozinha, enquanto o sininho repetia: delém-delém-delém...delém-delém-delém...delém-delém-delém-delém...

Quando chegou a casa, Nicolau contou as ovelhas no portãozinho que só deixava passar uma de cada vez:

— Uma, duas, três... dez... trinta... sessenta... oitenta... noventa e nove...

— Falta uma, Nicolau, falta uma! – exclamou Lucina, que o ajudava a contar, a Lucina das tranças louras amarradas com fita azul e jogadas para frente, sobre o peito, em vez de para trás.

— Ah! Falta mesmo! Justamente é a branquinha, que come o milho nas mãozinhas do André, tão mansinha! Voltaram só noventa e nove! Preciso voltar ao campo para procurar a ovelhinha, meu Deus! Preciso ir depressa... Se anoitecer antes de minha chegada lá, o lobo descerá da montanha e poderá devorá-la...

Nicolau ficou muito aflito e disse à mulher:

— Lucina, meu bem, guarda as ovelhas no aprisco para mim, arruma tudo aí, não tenho tempo a perder, preciso encontrar a ovelha fujona...

E saiu com muita pressa, levando o manto, a trombeta e o cajado.

— Leva os cachorros para ajudarem, homem, não vá sozinho — gritou de leve a linda Lucina, que pensava em tudo.

Nicolau já ia saindo do portão, mas parou um instante e chamou:

— Xugo-Nugo, cá! Cá! Aqui! Barxiquiri! Cossaco! Aqui! Aqui! Flor-cheirosa! Cá! Cá! Aqui!

Os quatro cães vieram correndo, satisfeitos, latindo ao perceberem que o dono precisava deles, e cientes de que podiam ajudá-lo. Os cães são muitos inteligentes e compreendem facilmente o que os donos lhes dizem.

Florcheirosa, que era mais esperta e brava do que os companheiros, foi à frente, cheirando sempre o chão para se orientar, pois já compreendera que o dono voltaria ao campo. E cheirava o chão para encontrar a direção deixada pelo rastro das próprias ovelhas. Os outros seguiam-na latindo sempre, como numa caçada, e todos tomavam a direção do prado.

1.3 O LOBO DA MONTANHA

Enquanto tudo isso se passava em casa, o que teria acontecido à ovelha branquinha?

É o que vamos ver.

Vendo-se sozinha, a fujona levantou-se, como já dissemos, coçou as orelhas várias vezes, com o pé, e depois se pôs a caminhar vagarosamente. Chegou à borda do ribeirinho e bebeu água. Saiu da água, deu uns berrinhos muito meigos e começou a pastar novamente.

O silêncio era completo no prado. Os pássaros já tinham se recolhido aos ninhos e por isso não cantavam mais. As sombras da tarde começaram a escurecer a terra e no alto espaço a Lua crescente brilhava docemente.

De repente a fujona ouviu uma coisa horrível! Um lobo começou a uivar no alto da montanha.

Os lobos são terríveis animais carnívoros, muito selvagens, do gênero "Cão" (*Canis Lupus*). Estão sempre famintos, gostam de atacar ovelhas, cabras, galinhas, cavalos, bezerros, crianças e pessoas adultas.

O lobo descia da montanha uivando: auuu!... auuu!... auuu!...

Desde muito tempo ele observava a branquinha lá de cima. Quando a viu sozinha, desceu.

Vendo que o feroz animal vinha ao seu encontro, a ovelha berrou várias vezes, cheia de pavor, como se pedisse socorro. Os animais também compreendem o perigo e se assustam, e sentem medo. Ela correu para um lado e para outro, sem saber o que fazer. Mas, correndo, o sininho do pescoço, chamado cincerro, batia com força, indicando ao lobo onde ela se encontrava. Subitamente, encheu-se de coragem e começou a correr desesperadamente. O lobo, morto de fome, corria atrás dela.

Ela correu, correu, correu, e o lobo atrás. De repente, porém, a branquinha ouviu a corneta do bom pastor que, bem perto dela, tocava para chamá-la e orientá-la: pu... pu-pu... pu-pu-pu... pu-pu... pu-pu...

A pobrezinha correu ainda um pouco, cheia de coragem, procurando a direção do pastor, guiada pela música da trombeta.

Já agora os cães latiam muito perto. Ela deu mais uns berrozinhos, o lobo já ia agarrá-la. Mas nisso ela tropeçou nuns galhos de árvores que estavam pelo chão e foi parar no fundo do fosso.

O lobo, faminto a mais não poder, ia saltar sobre ela, mas... viu os quatro terríveis cães correndo para ele.

Os cães eram tão ferozes quanto os lobos, quando se tratava de corrigir um inimigo. Florcheirosa, rápida como um raio, foi a primeira a atacar. E todos eles chegaram, morderam o lobo, brigaram com ele, numa algazarra infernal, jogaram o lobo no chão, de barriga para cima, morderam o rabo dele, as orelhas, as pernas, o focinho, foi um horror, uma carnificina!

Quando pôde escapar, o pobre lobo fugiu correndo desesperado, latindo e uivando de dor. Florcheirosa foi atrás, com raiva, correndo como louca para brigar mais, segurou o rabo dele com os dentes e só o deixou quando Nicolau gritou de longe!

— Florcheirosa! Florcheirosa! Volta! Chega! Aqui! Aqui! Vem aqui! Cá!... Cá!...

Ela voltou, cansada, escorrendo sangue, pois o lobo a mordera também, mas, satisfeita, abanando a cauda e rindo, mostrando a língua e os dentes, pois os cães também riem, quando estão satisfeitos.

Nicolau fez um agradinho a ela e aos outros, como se dissesse:

— Muito obrigado, queridos amigos!

1.4 A VOLTA AO APRISCO

Vendo a ovelhinha caída no fosso, Nicolau desceu até lá, cuidadosamente, enquanto os quatro cães o acompanhavam. A branquinha balia muito tristemente, olhando para todos eles com olhos muito ternos. Não podia levantar-se. Nicolau abaixou-se, examinou-a e constatou que a pobrezinha fraturara uma perna.

O bom pastor tirou do bolso o próprio lenço, dobrou-o em sentido enviesado e amarrou-o na perna fraturada da sua ovelhinha querida, a fim de fixá-la para não aumentar mais a fratura. Tomou-a nos braços carinhosamente e saiu do fosso com ela. Anoitecia e as estrelas brilhavam no infinito azul quando Lucina viu que o marido entrava no portão com a ovelha nos braços, ao passo que os cães latiam alegremente.

Num instante o marido e a mulher medicaram a fujona: puseram uma tala de papelão forte, apropriado para tais casos; enfaixaram a perna toda com tiras de pano limpo; deram um calmante para a doente e a puseram no celeiro, sobre um monte de palhas secas, para ela repousar e dormir separada das companheiras, sem ser perturbada.

Depois de tudo pronto, Nicolau lavou-se, deu a ração aos cachorros, a ovelhinha comeu aveia e depois dormiu sossegadamente. Em seguida Nicolau jantou, sentou-se numa poltrona, ao pé da lareira, fez as orações da noite e adormeceu o filhinho nos braços, cantarolando baixinho. Depois disse à Lucina das belas tranças brilhosas, amarradas com fita azul e jogadas para a frente, sobre o peito, em vez de jogadas para trás:

— Lucina, minha querida mulher, não me leve a mal, mas preciso festejar a volta da minha ovelha ao aprisco. Faça uns pastéis e um bolo de amêndoas e chocolate e tire o queijo do armário e os biscoitos daquela lata grande. Faça dois bules grandes de bom café e ponha a mesa: eu vou convidar nossos amigos e os vizinhos para festejarmos o achado feliz da minha ovelhinha...

Lucina respondeu:

— Pois sim, marido, farei o que desejas com muito prazer. E também farei uma sopa de marmelos com pão e uma torta de nozes e maçãs...

Nicolau saiu e convidou os amigos para uma festinha em sua casa. A casa encheu-se de gente, todos comeram e tomaram café. Depois dançaram, cantaram, tocaram gaitas e balalaicas, muito alegres, porque o amigo Nicolau tinha encontrado a ovelhinha perdida.

Quando deu meia-noite, todos se retiraram, a festa acabou, pois no dia seguinte todos eles teriam de ir cedo ao trabalho.

Alguns dias depois, a ovelhinha estava completamente curada. Mas o menino André tinha se afeiçoado muito a ela e agora não mais queria separar-se dela. Enquanto a branquinha esteve doente, André ajudara a mãe a tratá-la: levava para ela o milho, a aveia, a água, o feno e mudava as palhas secas onde ela dormia, todas as manhãs. A ovelhinha e ele ficaram amigos inseparáveis. Vendo que a sua amiguinha sarara, o menino temeu perdê-la, pois teria de voltar para o pasto, com as outras. Então ele disse ao pai:

— Paizinho, deixa esta ovelha ficar comigo para sempre? Quer fazer-me presente dela? Eu tratarei dela com muito cuidadinho e amor...

O pai consentiu. A ovelhinha passou a ser propriedade do menino André, que contava três anos de idade. Ele possuía um carrinho feito de tábuas de caixote. A ovelhinha puxava o caixote e André ia sentado dentro dele, passeando pelas ruas da aldeia.

Xugo-Nugo, Barxiquiri, Cossaco e Florcheirosa iam com ele, protegendo o passeio. Eram todos amigos. Nunca mais a ovelhinha quis sair de perto do pastor e são todos felizes até hoje.

Moral da história

Quando Jesus viveu neste mundo, disse, certa vez, a seus discípulos:

> Qual dentre vós é o homem que, possuindo cem ovelhas e perdendo uma delas, não deixa no deserto as noventa e nove e vai em busca da que se perdeu, até encontrá-la? Achando-a, põe-na sobre os ombros, cheio de júbilo. E, indo para casa, reúne os amigos e vizinhos, dizendo-lhes: alegrai-vos comigo, porque já achei a minha ovelha perdida. (*Lucas*, 15: 4 a 6. *Mateus*, 18: 10 a 14)

De outra vez, Jesus disse: *Eu sou o bom pastor. O bom pastor dá a própria vida pelas suas ovelhas.* (*João*, 10: 11).

A história que acabamos de narrar foi inspirada nesses ensinamentos de N.S. Jesus Cristo. Assim é que:

a) Nicolau simboliza o bom Pastor do Evangelho, isto é, Jesus Cristo.

b) As ovelhas que iam ao campo com Nicolau somos nós, a humanidade.

c) A ovelhinha rebelde é o homem pecador, que se desvia dos ensinamentos do bom Pastor e se entrega aos erros e às más paixões do mundo.

d) O lobo representa as tentações do mundo, os perigos que cercam a pessoa que se desvia do bom caminho traçado por Deus para a nossa felicidade.

e) A casa de Nicolau representa a segurança, a paz do nosso lar paterno, o qual devemos amar, respeitar, e honrar sem jamais nos afastarmos dele, pois em nenhuma outra parte do mundo encontraremos tanto amor, tanto zelo por nós nem tanta justiça como no lar de nossos pais.

f) O menino André representa o nosso próximo, a quem nós devemos amar e servir devotamente, para reparar nossas faltas passadas por meio do amor e do trabalho, dando cumprimento à lei de Deus, que é "Amor a Deus sobre todas as coisas e ao próximo como a si mesmo".

g) Lucina é o símbolo do amor materno, sempre pronto a nos socorrer quando sofremos, pois as mães são anjos da guarda inspirados pelo Céu para nos agasalhar e proteger no mundo.

h) O estábulo das ovelhas é o símbolo da nossa morada espiritual, o qual devemos fazer por onde merecer enquanto vivemos sobre a Terra, seguindo sempre o bem que a Doutrina de Jesus aconselha.

i) A festa oferecida por Nicolau aos amigos e vizinhos é a revelação da alegria que existe no mundo espiritual, entre Jesus e os nossos guias protetores, quando o pecador se arrepende e volta para o caminho que conduz a Deus: "Digo-vos, pois, que haverá maior júbilo no Céu por um só pecador que se arrepende do que por noventa e nove justos que não necessitam de arrependimento." — disse Jesus (LUCAS, 15: 7).

j) E a festa que Nicolau ofereceu aos amigos não foi em homenagem às noventa e nove ovelhinhas obedientes, que estavam no aprisco, mas em regozijo pela volta daquela rebelde, que fugira dele.

Como vemos, o Evangelho de Jesus Cristo existe nos acontecimentos de nossas vidas. Sejamos obedientes aos seus mandamentos para merecermos a honra de sermos considerados verdadeiros discípulos do Cristo de Deus.

Assim, pois, não é da vontade de vosso Pai celeste que pereça um só destes pequeninos. (MATEUS, 18: 14)

Vocabulário

Alfafa – Planta da família das leguminosas, divisão Papilionáceas, conhecida como excelente alimento para os animais herbívoros.

Balalaica – Instrumento musical de cordas, muito usado pelos russos.

Bornal – Sacola onde são carregadas provisões alimentícias, merendas para viagens.

Bucólicas – Poesias ou músicas pastoris, simples, graciosas, inocentes.

Cajado – Bordão de pastor, com a extremidade superior arquejada; bastão; bengala muito grande.

Celeiro – Casa em que se ajuntam ou guardam cereais; depósitos de provisões, de gêneros alimentícios, mansões agrícolas.

Lareira – Lage em que se acende o fogo, a fim de cozinhar ou aquecer, durante o inverno, nos climas frios. Lar.

Orla – Borda, barra, beira, margem; debrum, cercadura.

Ribeirinho – Rio pequeno, pequeno ribeiro, ou riozinho.

Ruminando – Ato de ruminar. Tornar a mastigar; remover os alimentos que voltam do estômago à boca. Em sentido figurado, pensar muito em alguma coisa; refletir muito sobre algo. Os animais ruminantes são os que têm o casco rachado ou ungulados: boi, cabrito, ovelha, camelo, carneiro, dromedário, etc.

O Amigo

Se o mundo te gritar que estás sozinho,
E que os homens jamais te ajudarão,
Pensa que tendo Cristo em teu caminho
Os bens da vida não te faltarão.

                E se alguém te lançar sangrento espinho,
                    Ou desviar de tua boca o pão,
                Não lhe negues a taça do teu vinho,
                E estende-lhe, na queda, a tua mão.

Só assim saberás que anda contigo
O companheiro que não falta à mesa
Da casa do argentário, ou de um mendigo.

                Na companhia desse amigo certo,
                  Tua fraqueza parecerá grandeza
                  E dadivoso e alegre o teu deserto!

                              Pereira Brasil

2

AS AVENTURAS DE PAULO

Este capítulo contém os seguintes tópicos: Um menino peralta; História de um galarote; O teatro; e O conselho do Céu.

2.1 Um menino peralta

O menino Paulo Aníbal contava sete anos de idade e era o caçula da família. Tinha seis irmãos e era adorado por todos na casa.

O menino, porém, era peralta e, às vezes, tinha certas manias, dizia e fazia certas coisas que pareciam não imaginadas por ele.

O pai de Paulo Aníbal era o senhor Manoel José, homem simples e muito bom pai de família. Ele era espírita, médium e fazia muitos benefícios aos pobres e a quantos sofredores o procurassem. Às vezes, o senhor Manoel José dizia, pensativo, à sua esposa:

— Mulher, este menino precisa ir a um Centro Espírita tomar passes. Ele está é atuado por um Espírito brincalhão...

Mas a mãe, dona Odete, achava que o marido não tinha razão e respondia:

— Qual nada, meu velho! O Paulo faz essas coisas porque é muito mimado por todos nós. Umas palmadinhas fariam bem a ele. Mas eu não tenho coragem de dar e nem deixarei que você o faça. Você tem a mão muito pesada e o menino, coitadinho, é muito franzino. Onde já se viu uma criança tão pequena ser atuada por Espíritos maus?

— Ah! — repetia o senhor Manoel José – nisso é que você se engana. Uma criança pode ser atuada por Espíritos maus, sim senhora! Às vezes, algum Espírito brincalhão afeiçoa-se a uma criança, gosta de brincar com ela... e é quando vemos a criança fazer artes incríveis! De outras vezes, a criança pode ser assediada por um inimigo dela de outras existências, ou dos pais, e então vemos até coisas piores do que peraltices... O melhor mesmo é fazermos preces e aplicar-lhe passes, palmadas não resolvem o caso...

Mas os dias iam passando e o menino nem recebia passes nem aprendia a orar.

Paulo era bonito, mas não gostava de estudar, não queria ir à escola. Somente a irmã mais velha, chamada Joaninha, da qual ele gostava muito, conseguia ensinar-lhes as lições. Mesmo assim, ele se metia debaixo da mesa de jantar, deitava-se no chão e dizia à irmã:

— Dita as lições que eu aprenderei aqui mesmo, estou vendo o livro...

Joaninha, paciente, ditava as lições, ele repetia o que ela dizia e no dia seguinte apresentava as lições sabidas e obtinha boas notas. Mas, de outras vezes, ele começava a perguntar, debaixo da mesa:

— Mamãe, hoje é ontem?... Amanhã é hoje?... Ontem é amanhã?... Sábado é domingo?... Eu sou o "seu" José Domingos?... O "seu" José Domingos é a senhora?... É verdade que o meu pai já descobriu a água morna em pó?...

Todos se punham a rir das maluquices do menino. Ele então se zangava porque não queria que ninguém risse dele, e começava então o drama: Paulo suspendia a mesa nas costas, chorando; metia-se debaixo do sofá e saía com ele às costas, andando pela casa; chorava, resmungava e nada o acalmava. Mas Joaninha chegava, falava carinhosamente com ele; depois de várias tentativas levava-o para o leito; contava, para ele ouvir, a vida de Jesus Cristo, desde o nascimento, em Belém, e Paulo se aquietava. Ele gostava de ouvir falar em Jesus, conversava com a irmã sobre o assunto, Joaninha fazia-o orar o Pai-nosso, ele obedecia porque sabia que essa prece foi ensinada aos homens pelo próprio Jesus e depois dormia tranquilo. De outras vezes, ele punha-se a estudar sozinho. Mas não o fazia normalmente, como os outros meninos fazem. Dizia que o barulho da casa impedia-o de compreender as lições e saía para o quintal às escondidas de todos. Levava consigo um caixote de tamanho normal e uma boa porção de cordas. Subia a uma árvore existente no quintal, suspendia o caixote, assentava-o nos galhos cômodos da árvore e amarrava-o seguramente com as cordas. Descia. Tornava a subir com um cobertor e um travesseiro. Tornava a descer. Procurava no quintal um dos seus galos prediletos. Levava o galo para cima da árvore, levava também os livros e os cadernos, empoleirava o galo junto do caixote, entrava no mesmo caixote, cobria-se com o cobertor e ali ficava parte do dia, estudando. O galo obedecia-o cegamente, comportando-se bem ao lado do dono. Este acabava por deitá-lo no caixote também... E não havia quem convencesse o menino de que ele corria o risco de cair da árvore com caixote e tudo, fraturar uma perna ou a cabeça ou até morrer da queda. Mas a verdade é que jamais caiu. Só descia voluntariamente, depois das lições sabidas, ou quando o pai, chegando do trabalho, à tarde, chamava-o carinhosamente:

– Venha cá, meu "filustreco", eu trouxe uns doces para você... E quero dar-lhe uma surra de beijos...

Mas não era só isso que Paulo fazia.

Ele gostava muito de todos os animais, mas sentia predileção pelos galos. Por isso possuía dez galos, criados por ele desde que os ovos foram deitados no ninho para a galinha chocar. Ver um galo bater asas e cantar era uma alegria, um encantamento para o menino. Dona Odete, sua mãe, possuía muitas galinhas, patos, perus, gansos e até cabras. Paulo adorava-os, ajudava a tratar dos animais, quebrava milho para os pintinhos comerem e, quando havia uma nova ninhada de pintos, fazia questão de que a mãe desse um franguinho para crescer e tornar-se galo. Ele criava o franguinho com muito amor, o franguinho habituava-se a obedecê-lo e faltava pouco falar. Possuía, portanto, dez galos, não os vendia nem deixava matá-los para serem comidos. Por sua vez, parece que os galos eram ensinados, pois raramente brigavam uns com os outros e, quando Paulo aparecia no quintal, todos o cercavam cacarejando, acompanhando-o para onde ele fosse.

2.2 História de um galarote

Um dia, pela manhã, o senhor Manoel José viu, no quintal da casa, um galarote muito apetitoso, bom para ser comido em molho pardo com batatas. Chamou dona Odete e disse:

— Minha mulher, faça aquele frangão para o jantar de logo mais. Faça-o em molho pardo, com batatas. Temos tantas galinhas e vocês nunca me dão um frango para jantar...

Dona Odete respondeu:

— Ora, marido, é o Paulo que não deixa matar nenhum frango ou galinha; quando penso em matar algum, tenho de comprá-lo dos vizinhos...

Mas o frangão encomendado pelo senhor Manoel José era do Paulo. Ele ouviu tudo, mas nada disse, somente arregalou muito os olhos e pôs-se a olhar para o pai e para a mãe. Dona Odete sabia que o galarote era dele, mas o senhor Manoel José ignorava-o. Obediente, porém, ao desejo do marido, ela respondeu:

— Está bem, marido, farei o frango para o jantar.

Nesse dia o menino Paulo Aníbal adoeceu subitamente. Pôs-se a chorar com muitas dores de barriga e de cabeça. Sentia muito frio, tremia, batia o queixo e declarou que não podia ir à escola.

Muito inquieta, dona Odete calçou-lhe as meias, agasalhou-o, deu-lhe um comprimido, fez um chá de erva-doce bem docinho e o fez deitar-se na cama. Depois foi costurar na sua máquina. Paulo levantou-se devagarzinho, deu umas voltinhas pela casa, depois deitou-se novamente e cobriu-se com o cobertor até a cabeça.

Quando o relógio deu três horas da tarde, Joaninha foi ao quintal pegar o galarote para matá-lo e cozinhá-lo. Mas não o encontrou. Procurou-o no galinheiro, no alto das árvores, nas moitinhas de mato, no porão da casa, dentro de casa, mas nada! Não o encontrou.

— Mamãe, o galinho de Paulo sumiu, não o acho em parte alguma! — gritou a mocinha para dona Odete.

Esta então respondeu:

— Procura na casa de dona Maria do "seu" José Domingos, decerto ele voou pela cerca, ele tem costume de voar alto. Esses galos do Paulo são tão sabidos quanto ele...

Joaninha foi à casa da vizinha, procurou, procurou, procurou e nada! O galarote tinha sumido mesmo. Então a mocinha foi ao armazém, comprou um quilo de linguiça e uns ovos e fez o jantar para o pai, com mais uns pastéis de que ele muito gostava. Mas ao voltar do armazém, ela entrou no quarto do Paulo para lhe dar uns biscoitos que havia comprado para ele.

Paulo continuava deitado, com a cabeça coberta, e já eram quatro horas da tarde. Nisso ela ouviu um "cocorocó" baixinho, meio abafado, muito suspeito, e começou a procurar, pensando assim:

— Não é que o malvado do galinho está escondido debaixo da cama?...

Abaixou-se, meteu a metade do corpo debaixo da cama, procurou, procurou, estendeu o braço para ver se encontrava alguma coisa, mas nada encontrou. Procurou debaixo do guarda-roupa, debaixo da estante, atrás da mala, atrás da porta. Não encontrou. Mas, quando já ia saindo do quarto, ouviu o "cocorocó" baixinho outra vez. Então ela puxou o cobertor do Paulo, repentinamente, e encontrou o frangão deitado na cama junto dele, encoberto pelo cobertor, e olhando para ela com uns olhos muito vivos. O menino escondera-o a fim de salvar-lhe a preciosa vida. Paulo Aníbal não estava doente! A doença fora um ardil para poder ficar em casa e não ir à escola, a fim de evitar que matassem o pobre animalzinho.

Joaninha achou muita graça, deu-lhe um beijo e disse:

— Pode soltar o frango, tolinho, ele deve estar faminto, prometo que ninguém o matará...

— É... mas se eu tivesse ido à escola, ele estaria na panela a estas horas... — respondeu o menino, tranquilo.

À tarde, quando o senhor Manoel José viu o jantar servido, olhou, olhou, olhou para a mesa e interrogou:

— E o frango?

Dona Odete contou-lhe tudo. Ele achou muita graça, mas depois disse ao filho:

— Eu não sabia que esse galarote era seu, meu "filustreco". Por que você não explicou? Por causa disso não precisava ter faltado à escola, fingindo doença, pois você precisa aprender a ler e a contar bem. Papai não quer que você faça mais isso, quer que você diga sinceramente o que sente e o que deseja. Para castigo da arte de hoje... uma surra de beijos!...

Paulo abraçou-se ao pescoço do pai e depois jantou magnificamente. A "doença" passara. Quanto ao galarote, foi tranquilamente para o galinheiro, depois de comer bastante milho e beber muita água...

2.3 O TEATRO

Mas o nosso Paulo Aníbal era aluno do curso primário de um colégio de freiras. Como era uma criança muito bonita, com os cabelos cortados à inglesa e os olhos muito grandes e vivos, frequentemente era convocado pelas boas freiras para recitar e cantar nas festividades da escola e mesmo para representar pequenas peças teatrais no palco do auditório da mesma escola. Paulo sempre se saía muito bem. Fazia tudo com muita naturalidade e ardor, como se realmente vivesse a peça, e ficava entusiasmado com os aplausos que recebia. Voltava ao palco várias vezes, sorridente. Ajudava a bater palmas para si próprio, atirava beijinhos à plateia, e a assistência do teatrinho vibrava, satisfeita com os seus modos. Às vezes, porém, quando já tudo estava programado, os convites distribuídos, as entradas para o festival já passadas, o esquisito menino impunha uma condição para participar da peça em que devia figurar: levar o seu galo predileto para participar também da peça, junto dele. Não havia como negar tal prazer ao menino. As boas mestras não tinham outro remédio senão concordar e ele entrava em cena carregando o galo debaixo do braço. Se devia recitar, depunha o galo no chão do palco e recitava bem. Se devia cantar, acontecia o mesmo.

O galo parecia compreender tudo, pois que se portava bem, e o menino desempenhava o papel que lhe era confiado sem o menor constrangimento. A plateia delirava com essas manias do pequeno artista, aplaudia-o com entusiasmo, de tal forma que Paulo tornou-se popular na cidade graças ao seu caprichoso amor pelos galos.

E um dia meteu-se-lhe na cabeça fazer uma subscrição popular para construir um abrigo para os "urubus desvalidos" da cidade. Entendia que todas as cidades do mundo deviam possuir abrigos para proteger os urubus. Doía-lhe o coração ver as pobres aves apanharem chuvas durante dias e dias, votadas ao frio, com os ninhos encharcados de chuva, completamente abandonados pela sociedade humana, quando a esta prestava o favor de devorar as carniças locais, limpando quintais e terrenos baldios de detestáveis detritos. Paulo tornava-se nervoso, preocupado, excitado com esse fato, discorrendo sobre o assunto até com os estranhos, preocupando os pais pela excitação em que vivia, e só depois que Joaninha lhe garantiu, sob palavra de honra, que os urubus se abrigavam nas tocas das pedreiras mais altas e nas torres das igrejas o menino sossegou e não mais se preocupou com eles.

Certa vez, houve uma peça teatral na escola, e Paulo Aníbal foi convidado a tomar parte nela. Ele devia desapartar uma briga de dois meninos que se desentendiam, na peça, e lutavam corpo a corpo. Ensaiaram a cena muitas vezes, e o menino saiu-se muito bem em todas elas. Na ocasião precisa, isto é, no dia do espetáculo, ele esperava, nos bastidores, o momento aprazado para entrar em ação, com o galo debaixo do braço. No momento exato, porém, em que os dois meninos começaram a brigar no palco, Paulo entrou em cena furioso, jogou o galo para o lado, arrancou o menino maior, que surrava o menor, sacudiu-o com força e exclamou:

— Seu covarde! Você não tem vergonha de bater num menino pequeno, sendo um marmanjo deste tamanho? Você não recebeu educação em casa, não é?

O menino ficou surpreso, sobressaltou-se, pois não era isso que Paulo devia fazer, gaguejou alguma coisa, desorientado, e tentou repetir a cena, a fim de melhorar a situação, mas o grande protetor dos galos e dos urubus não lhe deu tempo:

— Você não vê que está errado e que é muito feio o que está fazendo? Jesus disse que não devemos fazer mal ao próximo, porque é o mesmo que fazer mal a Ele, e você está surrando este pobre pequeno? E Jesus disse também: "Deixai que venham a mim as criancinhas". Sei isso muito bem porque a Joaninha conta essa história de Jesus para mim todas as noites. Se você tornar a bater neste menino, quem vai surrar você sou eu, e não será covardia, porque eu sou menor do que você!

Assim surpreendido, o menino perdeu completamente o fio da cena e não sabia o que fazer, mas nisso o galo cantou no palco, a plateia compreendeu a complicação e bateu palmas vibrantes. Paulo voltou a si da espécie de crise que o acometera, saiu do palco correndo, mas voltou, apanhou o galo e saiu novamente. As risadas na plateia não paravam mais, as palmas eram cada vez mais fortes, e o pano de boca desceu porque não era possível tentar mais nada. Paulo destruíra toda a peça com o seu ataque de generosidade para com o próximo.

Desejando remediar a situação perante a assistência, a diretora do espetáculo fez subir novamente o pano e mandou que alguém entrevistasse o pequeno ator, perguntando-lhe por que procedera daquela forma, estragando a peça. E ele, com o galo debaixo do braço, respondeu, simplesmente:

— Ah, é mesmo! Eu esqueci que isso era teatro, pensei que fosse verdade, por isso castiguei o menino que batia no outro, pois aquilo era covardia mesmo!

A plateia aplaudiu novamente, Paulo ganhou abraços, beijos e presentes e a alegria foi geral.

Já em casa, quando Joaninha preparava-o para dormir, disse-lhe ela, em confidência:

— Paulo, meu bem! Você hoje valeu pelo espetáculo todo! Quero dar um presente a você, como lembrança desse feliz dia. Que prefere você ganhar?

— Um galo — respondeu ele —, aquele galo branco, que tem as penas das asas e do rabo vermelhas. Aquele... que "seu" José Domingos quer vender.

No dia seguinte, Paulo ganhou o novo galo. Agora eram 11 galos existentes no quintal da residência do senhor Manoel José.

2.4 O conselho do Céu

As peraltices do menino, porém, acabaram por preocupar seus pais. Resolveram eles, então, levar o filho ao Centro Espírita da cidade a fim de se informarem sobre como deviam agir em benefício dele. Paulo Aníbal era criança saudável, inteligente, possuidor de grande vivacidade e até generoso. Suas peraltices, portanto, não podiam provir de insuficiência mental, mesmo porque os médicos consultados afirmavam que ele gozava de saúde, era perfeitamente normal. Levaram, pois, a criança ao Centro Espírita, fizeram a consulta a um médium que atendia os consulentes com muita atenção. Apresentou-se, então, o guia espiritual e disse o seguinte aos pais do menino:

— O menino não necessita de medicamentos, pois goza de boa saúde. Possui, porém, capacidade mediúnica forte e, no momento, encontra-se sob influências espirituais diretas, isto é, está "atuado". Os Espíritos que o influenciam são da ordem dos galhofeiros, mas não são maus. Gostam da criança e se distraem grandemente, induzindo-o a fazer o que tem feito. Será necessário corrigir a expansão mediúnica, visto que o fato poderá degenerar em obsessão, dada a grande capacidade mediúnica que sua organização psicofísica possui. Aplicai-lhe uma série longa de passes; dai-lhe a tomar água fluidificada como terapêutica; experimentai ensiná-lo a orar e aproximai-o do aprendizado evangélico. Porfiai por fazê-lo interessar-se pelo estudo, pelo desenho, pela música, se possível, por um trabalho qualquer, e narrai-lhe histórias educativas leves, que também possam ocupar sua mente no sentido bom, desviando-o das possibilidades de praticar diatribes, e, finalmente, pedi pelos seus obsessores nas reuniões de caridade e mesmo nas de estudo, convidando-os à meditação sobre o Evangelho. Se perseverardes, a mediunidade dessa criança será adormecida e só mais tarde, em época oportuna, voltará a manifestar-se.

Os pais de Paulo Aníbal puseram em prática os conselhos do bondoso guia espiritual, começando imediatamente o trabalho psíquico indicado. Joaninha, a irmã mais velha, declarou aos pais que desejava cooperar na educação moral do irmãozinho, a quem muito amava. Contar-lhe-ia diariamente uma história e o ensinaria a orar a Deus todas as noites, antes de adormecê-lo.

Na noite daquele primeiro dia, ela contou a infância de Jesus Cristo, segundo o *Evangelho de Lucas*.

Na segunda noite, ela prosseguiu, narrando fatos vividos por Jesus e seus apóstolos, inclusive a exposição das "Bem-aventuranças".

Na terceira noite, Paulo ouviu novas notícias sobre o Nazareno, cheio de interesse e admiração: eram as curas feitas nos doentes, cegos, paralíticos etc. E assim foi que o menino, em pouco tempo, familiarizou-se com os motivos evangélicos, conviveu com Jesus, seguindo sua trajetória por meio da palavra da Joaninha, aprendendo ainda a discorrer sobre as personagens do Evangelho, sobre as peripécias vividas pelo Mestre até o dia da ressurreição. Paulo acalmava-se, conversava com a irmã sobre os assuntos daquelas narrativas, ia aprendendo coisas excelentes, preparando-se moralmente para a vida, pois Joaninha não se esquecia de iniciá-lo também em outros conhecimentos moralmente elevados e educativos, e ele então concordava em estudar para poder ler muitos e muitos livros de belas histórias.

Moral da história

O Consolador Prometido por Jesus em seu Evangelho, o qual outro não é senão o Espiritismo, veio relembrar aos homens todas as coisas ditas e realizadas pelo mesmo Mestre e ensinar muitas outras coisas mais. Na sua filosofia e na moral que ele nos convida a praticar, existe solução para todos os males e todas as dores que flagelam o mundo.

Na maioria das vezes, a criança é um Espírito rebelde, infrator das Leis divinas em passadas existências, que reencarna a fim de se reeducar nos valores necessários ao progresso. Será preciso, então, que, desde os seus primeiros anos de vida planetária, os pais encaminhem os filhos, com seriedade e perseverança, para o aprendizado do Evangelho, dando-lhes ensejos para se firmarem nos preceitos do bem, da verdade e da justiça, a fim de que se tornem homens honestos, respeitáveis e úteis à sociedade, fiéis servidores do Cristo de Deus.

Infância bem dirigida é cidadão benemérito no futuro, é indivíduo redimido na pátria espiritual.

Infância mal corrigida ou esquecida é sobrecarga para a coletividade, é reincidência no mal, delinquência e suicídio, provações dilatadas, responsabilidades para o indivíduo, para os pais e para a sociedade.

Encaminhemos a infância para o amor de Jesus Cristo e cedo haverá paz entre os homens.

Eu sou o pão da vida; o que vem a mim jamais terá fome; e o que crê em mim, jamais terá sede. (JOÃO, 6:35)

Vocabulário

Atuado – Pessoa que está ativada por alguém ou alguma coisa. Pessoa que se deixa dirigir docilmente por alguém, que se deixa influenciar pela vontade de outrem. Em linguagem espírita, diz-se do indivíduo influenciado por um Espírito desencarnado e que se submete a ele.

Bem-aventuranças – Partes do Sermão da Montanha, no Evangelho de Jesus, onde estão expostas admiráveis sentenças e consolações proferidas pelo divino Mestre. Ex: *Bem-aventurados os que choram, porque serão consolados.* (MATEUS, 5: 4)

Psicofísico – Aquilo que participa da nossa individualidade moral-espiritual e material.

Terapêutica – Parte da medicina que trata da escolha e administração dos meios de curar doentes e da natureza dos remédios; tratamento das doenças. O mesmo que terapia.

Na Noite do Natal

Minha mãe, por que Jesus,
Cheio de amor e grandeza,
Preferiu nascer no mundo
Nos caminhos da pobreza?

Por que não veio até nós
Entre flores e alegrias,
Num berço todo enfeitado
De sedas e pedrarias?

Acredito, meu filhinho,
Que o Mestre da Caridade
Mostrou, em tudo e por tudo,
A luminosa humildade!..

Às vezes, penso também,
Nos trabalhos deste mundo,
Que a Manjedoura revela
Ensino bem mais profundo!

E a pobre mãe de olhos fixos
Na luz do céu que sorria,
Concluiu com sentimento
Em terna melancolia:

Por certo Jesus ficou
Nas palhas, sem proteção,
Por não lhe abrirmos na Terra
As portas do coração.

(XAVIER, Francisco Cândido. *Antologia mediúnica do natal*. Pelo Espírito João de Deus.)

3

O CÃOZINHO AMOROSO

Neste capítulo, serão abordados os seguintes itens: Mosquito; Um cão sofredor; A fuga; e Os antigos donos.

3.1 Mosquito

No interior do longínquo estado de Goiás, existia um casal de velhos muito honestos e bondosos para com os seus semelhantes. Mas eles também amavam muito os animais e, por isso, a sua casa parecia um asilo de cães, de gatos, de coelhos, além dos cabritos, das vacas leiteiras, dos dois cavalos que possuíam e das galinhas que viviam nos campos e só à noite voltavam ao galinheiro. Todos eram tratados com carinho e muito zelo. Os dois velhos eram sitiantes e viviam das plantações que cultivavam no seu sítio. A mulher chamava-se Clotilde, o marido chamava-se João Pedro.

De vez em quando, João Pedro costumava dizer à mulher:

— Eu lhe digo, mulher, os animais também são de Deus e nós somos os seus protetores. Deus os criou com o mesmo amor com que nos criou. Por isso, se nós respeitarmos a Deus, não poderemos maltratar os animais. Nosso dever é tratá-los bem. Além de tudo, eles nascem e vivem como nós; sofrem, amam e até são nossos amigos e auxiliares nos trabalhos que fazemos. Você já percebeu o quanto os nossos bois, os nossos cavalos, os nossos cabritos, as nossas galinhas nos ajudam a viver?...

E Clotilde respondia, comovida:

— É sim, marido, já percebi, sim. Eles não só nos ajudam no serviço como nos dão o leite, os ovos, a carne... Deus abençoe os nossos bichos...

João Pedro e Clotilde eram pobres, trabalhavam na enxada, auxiliados por dois empregados e pelos animais, mas viviam satisfeitos porque não tinham ambições. Acordavam ao amanhecer, almoçavam às nove horas da manhã, jantavam às três da tarde e dormiam às sete horas da noite, depois de saborearem o café feito com o caldo da cana que eles mesmos plantavam, colhiam e moíam na "engenhoca". Faziam também orações diariamente, pela manhã e à noite, e davam esmolas aos pobres sempre que os encontravam; davam punhados de arroz, de feijão, de farinha, de fubá; davam peles de toucinho; mandioca, batatas; alguns ovos, um frango ou outro e até canas para os filhos dos pedintes.

Nem todos os ricos da cidade dão esmolas assim boas, mas eles davam, apesar de serem pobres. Por isso, Deus abençoava suas pequenas terras, e mal eles plantavam as sementes de alguma planta, elas nasciam, cresciam, davam frutos e havia fartura para todos.

Raramente João Pedro e sua mulher passeavam. A distração de ambos era trabalhar, visitar os amigos e ir à capela do arraial para rezar, contemplar as plantações e brincar com os cachorros e gatos.

Entre os dez cachorros que possuíam, havia um chamado Mosquito, pequeno e redondo, de pelo rajado e cauda longa. Não era de raça, nem muito bonito, mas era inteligente, compreendia tudo o que os donos e as visitas falavam, mesmo que não se dirigissem a ele; parecia até que o cachorrinho raciocinava. Era humilde, bondoso, pois jamais mordeu os outros cães ou alguma pessoa, ainda que lhe batessem, e não deixava a velha Clotilde. Onde ela estivesse, o Mosquito estaria também.

E João Pedro continuava dizendo:

— Eu lhe digo, minha velha! Os animais são de Deus! Eles compreendem tudo! Só falta eles falarem. Muitos são até nossos amigos. Você não vê o Mosquito? Parece até um filho nosso...

E Clotilde respondia, como sempre:

— É mesmo, marido! Deus os criou com o mesmo amor com que nos criou. Parece até que eles têm uma alma! Deus abençoe os pobres bichinhos...

Mosquito bem que ouvia tais conversas, olhava muito curiosamente para os donos, virava e revirava a cabeça, as orelhas e os olhos, abanava a cauda, punha a língua de fora, como traduzindo satisfação e alegria, e até sorria, pois os cães não dão gargalhadas, como os homens, mas sabem sorrir também.

Um dia chegou ao sítio Boa Sorte um sobrinho de João Pedro. O sítio de nossos amigos tinha esse nome: Boa Sorte. Era um moço muito bom, o sobrinho do João Pedro, e chamava-se Gervásio, o qual possuía também um sítio, distante dali duas léguas.

Gervásio fora visitar os tios e passou com eles uma semana. Viu os cachorros, achou todos muito bonitos e elogiou os cuidados da tia Clotilde para com os animais. Como sempre, Mosquito ouvia a conversa e prestava muita atenção. Ele sentou-se no meio da sala para ouvir, à frente das pessoas; ficava olhando para uma e outra, franzia os olhos se a conversa não o agradava, mexia com as orelhas, batia a cauda no chão apressadamente, e com força, e sorria, se a conversa era do seu agrado.

Parecia entender tudo, e Clotilde sorria para ele, acariciando-lhe a cabeça, e ele mais perto dela se chegava.

— Credo! Esse bichinho até parece gente! Só falta falar! — exclamou, de repente, João Pedro.

— É mesmo, tio, parece que ele entende tudo — respondeu Gervásio.

— É porque foi Deus que o criou. Deus abençoa tudo quanto cria...

Então Gervásio falou, enquanto fitava os olhos em Mosquito:

— Tia, meu cachorro morreu, estou sem vigia para o galinheiro. A senhora possui dez cachorros, quer dar esse aí, o Mosquito, para mim? Gostei dele, parece ser muito fiel e amoroso.

A velha Clotilde gostava de Mosquito. Mas gostava também do sobrinho. Ficou acanhada de negar o pedido deste e então respondeu, com certo pesar:

— Pode levar o Mosquito para você. Mas peço que o trate bem. Se algum dia você não o quiser mais, não o dê a outra pessoa, traga-o de volta para mim.

Mal ouviu tais palavras, o cãozinho, que estava perto de sua dona, levantou-se vergonhosamente, com a cauda entre as pernas, foi para perto de Gervásio, com a cabeça baixa, e sentou-se, pondo-se a olhá-lo humildemente. Gervásio sorriu e disse:

— Agora você é meu, Mosquito, vou levar você para minha casa...

O cãozinho chegou-se para mais perto, pousou a cabeça nos joelhos do novo dono e depois deitou-se ao lado dele e não mais ao lado de Clotilde. Dois dias depois, Gervásio preparava-se para regressar à sua casa, no sítio Riacho Fundo. Arrumou a mala, calçou as botas, colocou as esporas no calcanhar das botas. Mosquito não perdia um só daqueles movimentos, não deixava Gervásio um só momento. À hora da partida, o moço foi ao pasto buscar o cavalo e o Mosquito foi atrás dele. Depois, tudo pronto, o cavalo já arreado, Gervásio disse a João Pedro:

— Meu tio, o senhor pode arranjar um pedaço de corda para mim? Quero amarrá-la no pescoço do Mosquito para ir puxando. Ele pode não querer ir comigo...

Mosquito ouviu e, certamente, compreendeu, porque, enquanto o velho João Pedro procurava uma cordinha, o cãozinho levantou-se e encaminhou-se para o portão. Admirado, Gervásio quis experimentá-lo: montou o cavalo e saiu sem chamá-lo, depois de se despedir dos tios. Mosquito acompanhou-o docilmente, marchando com ele ao lado do cavalo, sem olhar para trás, e em alguns minutos desapareceram na curva da estrada.

Clotilde permaceu de pé, a olhar o pequeno grupo que se afastava, e quando viu que o cãozinho que ela criara desapareceu ao longe, chorou muito. Durante alguns dias mais, a boa velhinha chorou e, às escondidas, dizia a si mesma:

— Tomara que ele não fique lá! Tomara que ele volte! Os bichos são de Deus, eles também compreendem as coisas, o Mosquito acertará com o caminho de volta...

3.2 Um cão sofredor

Uma vez na casa de Gervásio, a vida para Mosquito não foi a mesma. Não era propriamente maltratado, mas na nova residência estava longe de obter os zelos maternais que obtivera da velha Clotilde. Seu novo dono tinha filhos pequenos, sua esposa era muito sobrecarregada de deveres domésticos e não tinha tempo de zelar pelo animalzinho como fizera a antiga dona. Ele passou então a sofrer e a se entristecer muito, mas jamais o pobrezinho revoltou-se, jamais mordeu crianças ou avançou em alguém, e suportava as impertinências da criançada com a máxima paciência. Frequentemente, deixavam de dar-lhe o almoço ou o jantar; um dia porque não houvera tempo de preparar a papa de fubá, outro dia porque nada sobrara para ele: as crianças não haviam deixado restos nos pratos...

Mosquito esperava, esperava, esperava, vendo os outros comerem, certo de que o seu bocado viria. Mas enxotavam-no depois para fora e nada lhe davam. Mesmo se chovesse, tocavam-no para o quintal, deixando-o ao desabrigo. Ele procurava um canto qualquer para se esconder da chuva, mas, às vezes, sentindo frio, arranhava a porta pedindo socorro, tiritando de frio, gemendo de mágoa e tristeza, e, às vezes, também de fome, sofrendo e compreendendo a ingratidão que lhe faziam. Raramente lhe davam água para beber. Era preciso que ele próprio procurasse dessedentar-se em algum charco ou algum filete de água existente ao sopé de algum monte, e nunca se lembravam de dar-lhe um banho e friccionar-lhe o corpo com um inseticida qualquer, aliviando-o das picadas das moscas, dos carrapatos e das pulgas, que tanto o torturavam. Era, então, obrigado a coçar-se desesperadamente, com as unhas dos pés ou com os dentes, diante de qualquer pessoa. Então, batiam-lhe. As crianças grandes arrastavam-no pelas orelhas e jogavam-no para fora de casa, mesmo que estivesse chovendo, por ordem da mãe, sempre irritada e nervosa, cansada dos afazeres domésticos.

Mas mosquito não se revoltava, era manso e amoroso sempre. Passava as noites ao relento, vigiando a casa e o galinheiro. Parece até que o inteligente cãozinho compreendia que seria preciso trabalhar para pagar a comida que lhe davam, embora pouco recebesse. Prestava um grande serviço aos seus novos donos, pois não deixava os gatos se aproximarem dos pinteiros para devorarem os pintinhos recém-saídos do ovo; dava corridas violentas às raposas, aos gatos do mato, às jaritatacas, a fim de que a criação não fosse assaltada e as galinhas dormissem tranquilas em seus poleiros. Mas ninguém reconhecia a sua boa vontade nem a sua coragem de verdadeiro herói, nem os seus sacrifícios. Ninguém lhe dava um doce, um pedacinho de bolo, um biscoito, uma bala! No entanto, ele gostava de tudo que via os outros comerem; também ele tinha paladar e vontade de provar essas coisas, pois era criação de Deus, rodeado das vibrações naturais do universo, ou vibrações divinas; Deus o conhecia e sabia que naquela casa ele não era tratado como criação divina e que sofria muito. Seu consolo era brincar com as crianças pequenas, que eram boas para ele, porque mesmo as crianças maiores faziam-no sofrer: batiam-lhe, davam-lhe pontapés, enganavam-no, fingindo que lhe davam pão, faziam-no correr e cansar-se a fim de procurar pelos matinhos, ao redor da casa, pedaços de pão, que fingiam atirar para ele. As crianças pequenas, porém, alisavam-lhe os pelos, falavam docemente com ele, davam-lhe pedacinhos de biscoitos nas mãozinhas, o que o enternecia muito, e ele retirava os biscoitos com a boca, muito delicadamente, para não feri-las, e depois encostava a cabeça nas perninhas delas, agitando a cauda com satisfação.

Mosquito emagrecera. Viam-se, agora, suas costelas sob o couro. Já não era redondo, era comprido. O pelo perdera o brilho por falta de vitaminas no corpo e raleara, tornando-se baço e sujo. Habituara-se ao sofrimento e agora já não arranhava as portas para entrar em casa, nas noites frias e chuvosas, nem gemia de amargura ou frio. Dormia no vão de uma escadinha da cozinha, sobre a terra mesmo, sem sequer um trapo como agasalho. Mas, às vezes, uma criança forrava aquela terra com um pedaço de papel. Ele aceitava o favor e deitava-se sobre o papel. E, se sentia fome, o que acontecia diariamente, rebuscava restos já deteriorados de alimentos nos montões de lixo que encontrava.

E assim se passaram dois longos anos.

3.3 A FUGA

Em um domingo de manhã, chegaram visitas ao sítio Riacho Fundo. Vieram de longe. A prova disso eram os quatro cavalos que Mosquito viu chegarem montados por um senhor barbado, uma senhora magricela, duas moçoilas de cabelos soltos pelas costas e três crianças muito risonhas, que chegaram à garupa do pai, da mãe e de uma das moças. Nesse dia, houve frangos assados no almoço, macarrão com queijo, tomates e azeitonas e "cambitos" de porco no feijão, e Mosquito regalou-se com os ossos dos mesmos frangos, "cambitos" e sobras de macarrão e até de azeitonas. Mas as azeitonas ele não comeu, porque cachorros não comem azeitonas. Ele ficara, portanto, alegre. E como as crianças forasteiras simpatizaram com ele, apesar das pulgas e dos carrapatos, a dona da casa não se encorajou a expulsá-lo da sala, onde se fixaram após o gordo repasto.

Mosquito postara-se, portanto, sentado sobre as pernas traseiras, no centro da sala, a olhar para um e outro que conversavam, enquanto as crianças, cansadas de brincar com ele, agora, sentadas a um canto, jogavam dominó ou liam velhos livros de história. Pelos modos, Mosquito compreendia a conversa de seus donos com as visitas. Às vezes, franzia os olhos, como se sentisse amargura e pesar; de outras vezes, mexia as orelhas, com indignação ou reprovação; e ainda de outras gania baixinho, como se dissesse, protestando:

— Não pode ser! Isso é mentira! Que coisa horrorosa vocês estão dizendo aí! Não pode ser!

Eis o que conversavam os senhores humanos:

— Você sabe, Gervásio, que o cão vigia da fazenda do José Pinto ficou raivoso? Dizem que foi mordido por outro que anda por aí, mordendo quantos cães encontra pela estrada...

— Valha-me o Céu, que horror! — exclamou a mulher do Gervásio — Que havemos de fazer com uma dessa? Se esse cão danado aparecer por aqui teremos de matá-lo. E nós, que temos crianças...

— Precisamos trazer as portas fechadas — replicou Gervásio —, o próprio Mosquito corre perigo... Vou prendê-lo no moinho...

— Não, marido, não! Quem vigiará os meus pintos, à noite, se prendermos o Mosquito?...

— Mas o que é isso! Fiquem tranquilos, não há tanto perigo assim! — voltou a dizer o senhor barbado — A fazenda do José Pinto é longe daqui, o cachorro dele já deve ter morrido e a estas horas o outro também deve ter morrido, não há possibilidade nenhuma de eles aparecerem por aqui...

— Bem, se Mosquito for mordido, o remédio é matá-lo. — rematou Gervásio.

Só Deus sabe se o cãozinho compreendeu ou não a conversa. Mas ele saiu apressadamente da sala, andou de um lado a outro do quintal para, depois, esconder-se no recanto do terreno, atrás de umas pedras. Ao entardecer, apareceu, calado, procurando alimento e água. Ninguém prestou atenção nele, pois as visitas se despediam para o regresso a casa, os cavalos esperavam, batendo com os pés no chão, impacientes, e bufando, com a rédeas na boca.

Havia ainda uns restos de almoço na lata para ele. Mosquito comeu tudo, bebeu água e de novo escondeu-se.

A família, muito cansada das emoções do dia, deitou-se cedo, sendo as crianças as primeiras a procurarem a cama. Em breve, tudo era silêncio no sítio Riacho Fundo. A lua estava clara, não havia escuridão. De repente, passou um coelho bem perto. Mosquito sentiu o cheiro do bichinho. Deixou o esconderijo e latiu várias vezes. Gervásio ouviu e pensou:

— Mosquito está bem, latiu direitinho... Cão danado não late...

Mas o cãozinho farejou a água que, por acaso, a empregada ali pusera naquele dia, e bebeu muito. Depois saiu para a estrada, passando por um rombo da cerca de bambu. Saiu e pôs-se a caminhar, farejando o ar. Andou a noite toda, e só Deus sabe se ele sentiu medo. Ao amanhecer, deitou-se à beira da estrada e dormiu ao sol. Depois tornou a caminhar. Caminhou, caminhou, caminhou, e só Deus sabe se ele sentiu fome. Bem que Mosquito procurou o que comer, mas não encontrou. Depois de muito caminhar, encontrou um riacho e bebeu água. Mais longe, havia uma vendinha à beira da estrada. Ele procurou pelo chão e encontrou uns restos de pão. Vendo-o faminto, uma menina teve pena dele e deu-lhe mais pão. Ele comeu e seguiu sua viagem. Caminhou durante cinco dias, quase sem parar.

3.4 Os antigos donos

A velha Clotilde estava sentada à porta da sua casinha, no sítio Boa Sorte. Eram cinco horas da tarde e ela tecia um lindo par de fronhas de crochê para presentear uma amiga no dia de Natal. Ela presenteava sempre as amigas com fronhas de crochê. Era tarde amena, silenciosa. Ao redor dela nove cachorros se conservavam deitados. De repente, os cães rosnaram, olhando em direção à colina. Um vultozinho escuro descia, muito devagar, indecisamente, cansado, como que cheio de medo. Os cães latiram baixo, implicados com o vultozinho. Clotilde ralhou docemente, como se ralhasse com os próprios filhos:

— Quieto aí, Gabola! Quieto aí, Vim-vim! Quieta aí, Faceira!...

Mas, de repente, eles desobedeceram mesmo. Levantaram-se, agressivos, latindo com energia para o vultozinho que se aproximava. Era um cão magro, as costelas sob o couro, sujo, vagaroso, a língua seca para fora, a cabeça pendida de cansaço, as pernas trôpegas. Os nove cães iam certamente estraçalhar aquele rival infeliz, que nem poderia reagir. Subitamente, porém, estacaram, parando de latir e ganindo amavelmente em torno do visitante. Acabaram de reconhecê-lo: era Mosquito!

Clotilde olhava atenta, por cima dos óculos, mas em dado momento levantou-se, emocionada. A fronha de crochê para a amiga escorregou para o chão e ela não viu; mas falou, em voz alta:

— Meus santos anjos do Céu! Olha lá o Mosquito! Voltou sozinho, coitadinho! Marido! Marido! Mosquito voltou, mas em que estado! Voltou fugido! Caminhou duas léguas, coitadinho!

Correram os dois para o cãozinho, que agora demonstrava alegria, agitando a cauda, pois mal se podia ter de pé. Certamente emocionado, Mosquito acabou caindo no chão. A velha Clotilde tomou-o nos braços, apesar de vê-lo sujo, levou o para dentro, deitou-o sobre uns panos limpos, num cantinho da despensa, e falou-lhe com ternura.

João Pedro aproximou-se com uma vasilha de leite:

— Está morto de fome — disse ele —, mas agora não pode comer, está muito fraco...

Mosquito tomou o leite e depois dormiu. Estava muito cansado. Durante três dias repousou, e Clotilde tratou dele. No quinto dia, já um tanto recuperado, os dois bons velhos lhe deram um banho demorado, usando inseticida e sabão próprio para os cães, a fim de removerem as pulgas e os carrapatos.

Um mês depois, o inteligente cãozinho estava novamente gordo, alegre e feliz ao lado da sua velha Clotilde, tão boa e tão amiga dos animais. E, naquela tarde, vendo os dez cachorros reunidos, enquanto ela própria continuava a fazer a fronha de crochê para presentear a amiga no dia de Natal, Clotilde dizia ao velho João Pedro, seu marido, muito comovida:

— Pois não é que os bichos são de Deus mesmo, marido! Se eles não fossem de Deus, como o Mosquito poderia acertar com o caminho da volta?

E João Pedro respondeu:

— Eu sempre disse isso! Os bichos são de Deus, sim, minha velha, você repara que Mosquito não se esqueceu de nós, apesar de ficar fora daqui durante dois anos. Não se esqueceu e, quando as coisas não andaram boas onde ele andou, veio embora sozinho, caminhando duas léguas, e acertou o caminho. Que coisa bonita, meu Deus!

Mosquito teria voltado para o sítio onde nascera, saudoso dos antigos donos ou para fugir dos maus-tratos que recebia no Riacho Fundo? Teria tido medo de morrer, como ouvira falar que aconteceria, se fosse mordido por algum cão raivoso?

Só Deus, que é o Criador de todas as coisas, sabe!

Mas o que é certo é que ele era amoroso e agradecido, não esqueceu os antigos donos, que eram bons para ele. Ao sentir-se infeliz, procurou o lar onde nascera e fora bem tratado, no qual tinha confiança. Caminhou duas léguas fazendo imenso sacrifício, sozinho, certo de que no lar que procurava seria aceito e agasalhado, tal como uma pessoa faz, procurando o lar paterno ao sentir-se desamparada e infeliz nos sofrimentos do mundo.

Moral da história

O cão é um animal mamífero, quadrúpede, da família dos canídeos, tal como o lobo, o coiote e a raposa. É um animal inteligente, amoroso e fiel amigo do homem. Quando ensinado por domadores ou professores, aprende facilmente e chega a ser artista de teatros e de circos, onde se exibe em saltos e outras artes a ele acessíveis. Compreende o homem perfeitamente, obedece-lhe, nasce, vive e ama como nós e temos razão para julgar que até pensa e recorda, pois demonstra amar mais o homem do que mesmo os próprios semelhantes, e reconhece os donos e os humanos mesmo se passar algum tempo separado deles. Sofre frio, fome e dor como nós próprios. Não possui, porém, o dom da palavra, como nenhum animal o possui, e a razão disso é que o seu cérebro, ainda imperfeito, não atingiu o desenvolvimento necessário para raciocinar e promover vibrações que lhe permitam expressar-se por palavras. Faz-se, porém, compreender muito bem pelas atitudes e as expressões fisionômicas, e também pela voz que possui: o ladrido e o ganido. Não devemos, portanto, maltratar os animais, visto que, se assim agirmos, estaremos menosprezando a obra da Criação divina. Os animais domésticos, principalmente, que são tão úteis ao homem, ajudando-o no próprio trabalho que realiza, devem ser tratados com bondade, pois são indefesos, entendem o que fazemos contra eles e certamente sofrem com a nossa ingratidão. Os animais são "nossos irmãos menores", como deles dizia Francisco de Assis, o grande e santo filósofo cristão, que tanto soube amar e compreender os animais.[1]

Disse também Deus: Produza a Terra seres viventes, conforme a sua espécie: animais domésticos, répteis e animais selváticos, segundo a sua espécie. E assim foi feito. (GÊNESIS, 1: 24)

---

[1] Ver KARDEC, Allan. *O livro dos espíritos*, parte 2, questão 592 e seguintes; *A gênese*, cap. 10, itens 24 a 30; cap. 11, itens 10 a 14 e 23. Ver também DELANNE, Gabriel. *A evolução anímica*, cap. II, A alma é imortal.

Vocabulário

Amena – Suave, doce, delicada, agradável.

Baço – Sem brilho, embaciado, moreno, trigueiro, pálido.

Cambito – Gíria popular brasileira que significa pernil de porco destituído da carne e salgado; perna fina. Designa também cabide e vários outros utensílios.

Dessedentar-se – Matar a própria sede; saciar. Satisfazer um desejo ardente, obter aquilo que muito deseja.

Jaritacaca ou jaritataca – Animal carnívoro brasileiro, da família dos mustelídeos *(Conepatus semistriatus)*, também chamado jaratataca, jaguaritaca, maritacaca, maritafede, etc. Quando perseguido, expele odor fétido tão insuportável que os cães e os caçadores desistem da sua perseguição.

4

O MENINO RAIMUNDINHO

Este capítulo aborda os seguintes tópicos: Um menino trabalhador; O ideal de Raimundinho; O auxílio de Jesus; Raimundo estudante; e Raimundo vitorioso.

4.1 Um menino trabalhador

Raimundo Gomes da Costa era um menino natural de uma vila denominada Caxias, no estado do Maranhão, neste nosso grande Brasil. Seus pais eram pessoas honestas e muito boas, mas muito rudes, sem possuírem as verdadeiras noções da vida.

Dois anos depois do nascimento do menino, seus pais deixaram a vila de Caxias e foram residir num sítio afastado daquela localidade, isto é, em plena roça.

O pai de Raimundinho trabalhava na lavoura, revolvendo a terra com a sua enxada, fazendo plantações, etc.; e a mãe cozinhava, lavava as roupas de todos, tratava da casa, do marido e do filho e ainda ajudava no serviço do campo.

Raimundinho não podia frequentar a escola para aprender a ler porque no lugar onde ele morava não havia nenhuma escola, e o pai dele não o deixava ir com os outros meninos à povoação vizinha, um lugarejo chamado Macacos, onde existia uma escolinha muito modesta.

Raimundinho Gomes da Costa trabalhava para ajudar os pais. Ele contava apenas oito anos de idade, mas já trabalhava como homem feito; manejava a enxada, revolvendo a terra, para o pai fazer a plantação das sementes e das mudas; cortava as canas no canavial e as carregava em feixes de cinco ou seis até o engenho, para o pai moer, fazer o caldo e depois fabricar a rapadura e o açúcar; tangia os bois que puxavam o braço do engenho para a moenda da cana; pescava peixes no rio, aos sábados, para a mãe preparar para o jantar; fazia serviço de candeeiro...

Candeeiro era o nome que se dava à pessoa, homem ou menino, que ia à frente dos bois que puxavam carros ou que moviam engenhos, no serviço da lavoura, guiando-os pelo caminho melhor. Candeeiro é o mesmo que um guia. Ele caminhava à frente dos bois atrelados ao carro, com uma vara ao ombro...

Hoje em dia quase não se veem mais carros de engenhos movidos por animais no serviço da lavoura. Eles foram substituídos pelos modernos caminhões e os engenhos tocados a eletricidade. Mas, quando Raimundinho era criança, existiam muitos carros e engenhos puxados a bois e a cavalos.

Como eu ia dizendo, Raimundo trabalhava muito, pois o menino ainda vendia as rapaduras que o pai fabricava com o caldo das canas, na feira de uma povoação chamada Engenho d'Água. Era, portanto, um bom filho, trabalhador e honesto, apesar de contar apenas oito anos de idade.

4.2 O ideal de Raimundinho

Raimundo tinha vontade de frequentar a escola para aprender a ler, como faziam os outros meninos. Mas o pai dele, não obstante ser um homem bom e honesto, era muito simples e um tanto incompreensivo relativamente à necessidade de uma pessoa instruir-se. Entendia ele que só os filhos de pessoas ricas podiam aprender a ler, escrever e contar. Segundo o seu modo de pensar, os pobres não precisariam aprender, porque saber ler, escrever e contar não passava de um luxo.

Havia uma escola longe da casa de Raimundinho, e o professor tinha o apelido de senhor Caboclo.

O senhor Caboclo era o barbeiro e o cabeleireiro da localidade de Macacos, possuía muito bom coração, tinha prazer em servir o próximo e sabia muito bem ensinar a ler, escrever e contar aos que nada sabiam, e principalmente a crianças. Como o serviço da sua barbearia era pouco, ele se dedicava também ao meritório trabalho de alfabetização das crianças.

Todos os dias Raimundinho subia na cerca da casa de seus pais, a qual dava para a estrada de rodagem. A cerca era construída de paus atravessados em sentido horizontal, como de uso na roça. Raimundo sentava-se no pau de cima para esperar os meninos que seguiam para a escola. Ele sentia prazer em ver os meninos passarem para ir estudar, já que ele próprio não poderia ir...

Os meninos passavam rindo e cantando, carregando os livrinhos, os cadernos, os lápis, a pequenina lousa e também a sacolinha de pano, feita em casa, por suas mães, onde carregavam a merenda, que era pão, banana e rapadura.

Todos eles eram pobres, por isso não possuíam pastas bonitas nem merendeiras, como os meninos de hoje possuem, mesmo porque, naquele tempo, não se usavam ainda nem pastas nem merendeiras, como as que se usam agora. Iam à escola com as roupinhas remendadas, chinelinhos de couro ou tamanquinhos, mas sempre limpinhos e penteadinhos, e com chapeuzinhos de palha na cabeça por causa do sol.

Raimundo achava uma beleza aquele grupo de meninos passando para ir à escola. Que vontade ele tinha de ir também! Quando passavam, os meninos o viam sentado na cerca do quintal e diziam sorridentes:

— Vamos, Raimundinho! É tão divertido ir à escola! Por que você não vem conosco?...

Ele então chorava porque não podia ir com os outros estudantes e depois seguia, soluçando, para pegar na enxada e ir para o campo trabalhar.

Aos domingos, os meninos se encontravam com Raimundinho, mostravam os livros e explicavam:

— Isto aqui é a cartilha, onde se aprende a ler... Isto aqui é a tabuada, onde se aprendem os números para "tirar as contas"... Isto aqui é o caderno de escrita, onde nós escrevemos as lições que o senhor Caboclo passa... Nós já sabemos ler no livro todo e até sabemos ler também os nomes das casas de negócio da vila e as letras grandes dos jornais que o senhor Caboclo recebe pelo correio...

Raimundinho ficava encantado com tantas novidades atraentes e cada vez mais vontade sentia no coração de seguir com os outros rapazinhos para ir aprender a ler com senhor Caboclo.

4.3 O auxílio de Jesus

Um dia Raimundo foi lenhar na mata, isto é, foi procurar pedaços secos de árvore para sua mãe queimar no fogão e poder cozinhar.

Nas localidades pobres e muito afastadas dos grandes centros sociais, não se cozinha a gás ou a eletricidade, mas sim com lenha, principalmente há 20 ou 30 anos, quando nem o gás nem a eletricidade existiam ali.

Uma velhinha, sua conhecida, estava lenhando também. Os dois se encontraram na mata e a velhinha percebeu que o menino estava chorando. Então ela perguntou:

— Por que está chorando, Raimundinho? Você está doente? Seu pai deu alguma surra em você?

— Não, senhora, tia Ambrosina. — respondeu o menino — Eu não estou doente, não, senhora, graças a Deus... Nem apanhei nenhuma surra... Papai é severo, mas é bom para mim, ele não me bate...

— Então, por que você chora? Está com preguiça de procurar lenha para sua mãe?

— Eu? Não, senhora! Coitadinha da minha mãe! Ela trabalha tanto, eu até gosto de ajudá-la! Com todo prazer venho à mata lenhar para ela. Mas é que eu queria frequentar a escola do senhor Caboclo para aprender a ler, como os outros meninos, mas não posso...

— Por que você não pode ir à escola com os outros meninos? Seu pai não pode pagar? Mas é tão baratinho! Você não tem roupas? Pode-se ir até com roupas remendadas, o senhor Caboclo não faz questão de roupas boas para os alunos, e todos são pobres mesmo, ninguém repara... É só o menino ir limpinho, penteadinho, asseadinho... E o silabário também é tão baratinho... Talvez até você arranje algum silabário emprestado, com algum colega... — respondeu a tia Ambrosina.

— Mas não é isso, tia Ambrosina! Papai acha que eu não preciso aprender a ler, que isso é coisa inútil para mim, porque um enxadeiro não precisa de leituras... Além de tudo somos muito pobres e eu preciso trabalhar para ajudar meu pai...

— Ora essa, Raimundinho! Deixe de tolices! — tornou a dizer tia Ambrosina — Peça a proteção de Nosso Senhor Jesus Cristo, que Ele ajudará você a entrar para a escola do senhor Caboclo e mais outra escola que houver por aí. Jesus gosta das crianças, e se as crianças pedirem a Ele alguma coisa, com bastante fé, ele concederá, se for possível. Jesus só não concederá o que pedirmos a ele se o que desejarmos prejudicar a felicidade da nossa alma... E sendo assim o nosso pedido não será atendido, mas Jesus nos dará forças para suportarmos o sofrimento.

Raimundinho encorajou-se com o conselho de tia Ambrosina e parou de chorar. À noite, quando se foi deitar, ajoelhou-se humildemente à beira da sua pobre caminha e fez uma prece muito sentida, pedindo a Jesus que o ajudasse a aprender a ler.

O quarto dele era muito pequenino e pobre, mas muito limpinho e arrumadinho, porque o menino era muito cuidadoso com as coisas que lhe pertenciam. Todas as noites ele orava assim, do mesmo modo, fazendo as súplicas a Jesus e a Maria Santíssima.

Passados uns 15 dias, mais ou menos, o pai do menino, certa manhã, levantou-se da cama e disse à sua mulher, muito impressionando:

— Carolina, minha velha, precisamos mandar Raimundo para a escola, para o "bichinho" aprender a ler... Já há três noites seguidas que eu sonho com a minha querida defunta mãe e ela me diz, um tanto aborrecida:

"— Maneco, meu filho, por que você não manda Raimundo para aprender a ler, na escola do povoado? Então você quer ver o seu filho ignorante a vida toda? E por que um enxadeiro não pode aprender a ler, se ele também é filho de Deus e tem o direito de progredir? O menino é bom, é inteligente, e até poderá ser um homem adiantado no mundo... Mas primeiro precisará aprender a ler, escrever e contar bem. Vá, Maneco, vá! Mande o menino para a escola, mande, mande o menino para escola!"

4.4 Raimundo estudante

Na mesma semana, o pai mandou preparar roupas para o menino ir à escola: camisas novas, de riscado; calças, tamanquinhos, o chapéu de palha etc. A mãe costurou tudo às pressas e dos retalhos fez a sacolinha para carregar a merenda. Depois Raimundinho mesmo comprou uma cartilha de ABC e uma tabuada e um lápis e uma lousa e um caderno para escrita, na tendinha de dona Vinvim... E lá se foi ele para a escola com os outros rapazinhos, todo contente com a vida...

Jesus ouviu a prece dele e o ajudou. Jesus sempre ajuda aqueles que depositam confiança no seu amor. Se sofremos, Ele ajuda a suportar o sofrimento com paciência e coragem, pois sofrimento, às vezes, é necessário para educar o nosso caráter e nos aproximar de Deus. Além disso, ele próprio afirmou: "Deixai vir a mim os pequeninos".

E todos podem observar que uma criança que é educada amando e respeitando Jesus é uma criança boa e será um cidadão honesto, cumpridor dos próprios deveres e amigo do bem.

Raimundinho aprendeu a ler com facilidade, pois tinha boa vontade, nada era difícil para ele. Dois anos depois, foi para a Vila de Caxias trabalhar no comércio. Trabalhava durante o dia e, à noite, estudava numa escola noturna mantida por uma associação humanitária denominada *União Artística Operária Caxiense*.

Quem ensinava agora não era mais o senhor Caboclo, mas uma boa professora chamada Joaninha Borralho, e os colegas agora eram o

Marcelinho, o João 28, a Carmencita, o Fafá Pretinho, a Lili Custodinha, gente muito simples e amorosa, que estimava Raimundo sinceramente.

Nessa escola, o menino concluiu o curso primário com muito boas notas.

Vendo o quanto o aluno era aplicado ao trabalho e ao estudo, o patrão dele e os diretores da *União Artística Operária Caxiense* resolveram protegê-lo.

4.5 RAIMUNDO VITORIOSO

O patrão de Raimundinho tinha um irmão residente em São Luís, a bela capital do estado do Maranhão. Esse irmão era negociante também.

O patrão de Raimundo conversou com o pai dele, obteve sua licença e mandou o menino para a casa do próprio irmão, em São Luís. Raimundinho então começou a trabalhar na loja do novo patrão e estudar à noite, para obter o curso ginasial.

Assim, dedicado ao trabalho e ao estudo, o menino continuou também aplicado ao dever e finalmente tirou o curso comercial, tornando-se hábil perito-contador.

Por essa ocasião, já ele era um bonito rapaz. Ajudava os pais, de todo coração, não permitindo que eles, já velhinhos, continuassem trabalhando no rude serviço da enxada. Casou-se com uma jovem morena, muito simpática e educada, chamada Maria de Jesus, e é muito feliz até hoje. Atualmente ele conta 45 anos de idade e é pai de sete filhos bonitos e inteligentes. E é também gerente de uma importante casa bancária, no interior do estado do Maranhão, e presidente de um respeitável Centro Espírita.

Moral da história

Se os pedidos que fizermos a Deus ou a Jesus forem justos e razoáveis, poderemos ser atendidos pela misericórdia da Lei divina. Quando não somos atendidos em nossas súplicas, será porque o que sofremos é uma provação que devemos expiar, um resgate de faltas cometidas em passadas existências. Nesse caso, porém, a bondade de Deus nos ajudará a suportar nossos sofrimentos com fé e coragem, e mais tarde seremos recompensados pelo que sofremos. A coragem e a fé são poderosos auxiliares para nos ajudarem a vencer a lutas deste mundo. Raimundinho venceu todos os obstáculos para poder se instruir porque teve fé em Deus e em si mesmo, lutou corajosa e honestamente e foi auxiliado por seus guias espirituais. A tia Ambrosina, a sociedade beneficente *União Artística Operária Caxiense*, os dois patrões que ele teve e o Espírito de sua avó foram os instrumentos de que Jesus se utilizou para ajudá-lo a vencer.

Deixai vir a mim os pequeninos e não os embaraceis, porque dos tais é o reino de Deus. (LUCAS, 18:16; MATEUS, 12:13 a 15; MARCOS, 10:13 a 16).

Vocabulário

Engenho ou engenhoca (brasileirismo nordestino) – Pequeno engenho que, sendo destinado principalmente à fabricação de aguardentes, serve também para a de açúcar e rapadura. Termo dado a várias máquinas e aparelhos próprios para a moenda de vários produtos agrícolas, etc.

Moenda – Designação genérica de toda peça que mói; moinho. Mó. Ato de moer ou triturar.

Perito-contador – Pessoa que cursou contabilidade, apta a exercer elevados cargos comerciais e bancários.

Tangia – De tanger. Tocar (instrumentos); tocar animais para estimulá-los na marcha, etc.

Sombra e luz

Vem a noite, volta o dia,
Cresce o broto, nasce a flor,
Vai a dor, surge a alegria
Dourando a manhã do Amor.

                        Assim, depois da amargura
                        Que a vida terrena traz,
                        A alma encontra na Altura
                        A luz, a aventura e a paz.

(XAVIER, Francisco Cândido. *Parnaso de além-túmulo.* Pelo Espírito Casimiro Cunha)

5

UM HOMEM NOTÁVEL

Serão trabalhados, neste capítulo, os seguintes itens: O meu amigo Gervásio; e O bosque.

5.1 O meu amigo Gervásio

Eu tenho um amigo que se chama Gervásio.

É um homem de bom caráter, amigo do bem, pai de família exemplar e muito devoto a Deus.

Ao contrário das demais pessoas, que fazem as orações à noite, após o jantar, o meu amigo Gervásio faz as suas orações pela manhã, às seis horas. Para isso, levanta-se às cinco horas e desperta também a mulher, pois não gosta de orar sem que ela o acompanhe. Ele próprio faz o café da manhã, depois do banho de chuveiro; serve-se e serve a mulher com o pão que sobrou da noite anterior, ou a broa de milho que ela preparou de véspera, exatamente para aquela hora.

Levantando-se às cinco horas da manhã, necessariamente almoça às nove, faz a merenda às treze horas, janta às dezessete e deita-se às vinte e uma horas, depois de uma leve refeição. E isso durante anos a fio, sem interrupções, pois meu amigo é o método em pessoa.

Esse modo de viver, portanto, não é novo na vida do amigo Gervásio. Ele assim procede desde que se casou, há 52 anos. Conta, atualmente, 75 anos de idade, mas sempre leu e lê bons livros, educativos e instrutivos, pois é culto professor de curso primário no interior do imenso Estado de Goiás, no Brasil. Além de todas essas boas qualidades, o Gervásio ama profundamente a esposa e possui nove filhos. A esposa chama-se Claudivina, e, quando Gervásio se refere a ela, chama-a, invariavelmente, de "a minha Claudivina".

Sua vida tem sido modesta e obscura desde a infância, a despeito da sua amabilidade para com os amigos e o desejo de se corresponder com todos por meio de cartas assíduas. Mas, no Além, ele é considerado modelo de honestidade e honradez para os demais homens, um herói, um cidadão do Cristo, graças ao bem que tem distribuído ao redor de si durante a vida inteira. Seus sentimentos de amor e caridade não se limitam ao bem que ele faz aos seus semelhantes: distendem-se mais um pouco e beneficiam os próprios animais, as plantas e, portanto, o planeta em que vive.

Durante as preces que faz, Gervásio, em pensamento, ora pelos Espíritos desencarnados sofredores, dos quais se compadece muito; visita-os com o amor do seu coração e até faz leituras evangélicas em sua honra. Ora, isso atrai as simpatias do Alto para ele e a sua Claudivina, os sofredores se sensibilizam pela consideração que ele lhes dispensa e se tornam seus amigos. Muitos se consolam e muitos se regeneram sob o calor da sua boa vontade em servi-los.

Gervásio é professor, mas, atualmente, com a avançada idade que conta, não mais exerce a profissão. Lecionou, porém, gratuitamente, às crianças pobres, durante quarenta anos.

Contos amigos

O Brasil é um país muito grande, com uma superfície de 8.555.844 quilômetros quadrados.[2] Há regiões no país onde os habitantes não têm meios para se instruírem e nem mesmo para aprenderem a ler. Há quarenta anos, essas dificuldades eram ainda maiores, e, em muitas localidades do sertão brasileiro, não existiam escolas para as crianças se instruírem e elas cresciam sem saber sequer assinar o próprio nome.

O meu amigo Gervásio preocupava-se muito com essa situação das crianças. Na localidade onde residia, assim como pelas imediações, havia dessa carência e ele via crianças de 10, 12 e até 14 anos de idade que nunca tinham frequentado uma escola.

Gervásio pensou, pensou e depois decidiu-se: não poderia ficar de braços cruzados diante de tal situação. Seria preciso fazer alguma coisa, mesmo que fosse pouca, pois, se cada cidadão algo empreendesse para alfabetizar as crianças, não existiriam analfabetos em parte alguma.

Gervásio era professor. Não exercia, porém, a profissão porque não existiam escolas. Era, por isso, apenas modesto funcionário municipal. Resolveu então fundar uma escola noturna e ensinar a leitura e as quatro operações, ao menos, às crianças. Sabia que os pais destas eram pobres e não podiam pagar o seu trabalho, mas não se incomodou com o fato. Abriu a escola, deu-lhe o nome de *Escola Discípulos de Jesus* e começou a ensinar. Principiou com 42 crianças. Algumas pessoas do lugar, vendo a sua bela atitude, chegaram-se a ele e se ofereceram para ajudá-lo. Ele aceitou, e mais 42 crianças começaram a estudar. A população local, entusiasmada com o que presenciava, oferecia préstimos: doava livros escolares, cadernos, lápis, tintas, borrachas, enfim, o material escolar necessário aparecia como por encanto, como que vindo do Céu, para Gervásio realizar a sua bela obra cívica, de amor ao próximo, à pátria e a Deus.

---

[2] Dados obtidos do *Atlas do Brasil*, do Instituto Brasileiro de Geografia e Estatística, 1959. Conforme dados atuais do IBGE, o Censo Demográfico de 1 de agosto de 2010 recalculou para 8.515.767,049 km² a extensão territorial do Brasil. (Disponível em: www.ibge.gov.br. Acesso em: 7 fev. 2014.)

Durante quarenta anos esse homem admirável trabalhou como funcionário público durante o dia e, à noite, era o servo de Jesus, que lecionava gratuitamente a crianças e jovenzinhos numa escola anexa a um Centro Espírita cujo nome era, justamente, *Discípulos de Jesus*.

Quando a idade e fadiga não mais lhe permitiram assim trabalhar, meu heroico amigo passou a tarefa a sua filha mais velha, dizendo-lhe:

— Continua, minha filha, esse serviço de amor à criança. Não penses em lucros financeiros. O espírita há de ser desinteressado sempre de lucros terrenos, ou não saberá servir à Doutrina que o reeduca para Deus. Pensa em que nosso dever é servir à humanidade, servindo àqueles que nos rodeiam.

5.2 O BOSQUE

Em criança, Gervásio tinha a mania de fazer plantações. Muitas vezes, ajudei-o a plantar pequenas mudas de roseiras, de árvores frutíferas, de couves e chuchus, no quintal de nossas mães, e de grandes árvores do campo e dos parques, tais como pinheiros, acácias, o belo ipê, o cedro, a peroba, a imbuia etc.

Sentíamos muita alegria quando víamos nossas plantas crescerem e florescerem. Parecia que elas eram nossas irmãs, nossas namoradas queridas! Nós as cercávamos de todo carinho e conforto: circulávamos o seu local com cercas improvisadas de bambu ou madeira, regávamo-las com água fresca pela manhã e à tarde, cobríamo-las com um pano estendido sobre a cerca se o sol era excessivo, dávamos-lhes adubos e até rezávamos, à noite, pedindo aos céus para que elas crescessem. E um dia resolvemos plantar um bosque. Eis o que fizemos:

Cada dia, arranjávamos mudas de árvores e as plantávamos num grande terreno existente não muito longe de nossas residências. Alguns outros meninos nos ajudavam. Devido ao nosso zelo, as mudas pegaram, cresceram e se tornaram bonitas e fortes.

Gervásio plantou, além do bosque, um belo pinheiro solitário, um tanto distante do nosso bosque. À proporção que as nossas árvores cresciam, nós crescíamos também. Mas os anos se passaram... Nós nos tornamos velhos e nossas árvores ficaram moças. Nossa pequena localidade, que era apenas um arraial, progrediu e tornou-se uma cidade. Um dia, o prefeito local resolveu fazer um parque para recreio das crianças e alegria da população. Examinou o nosso bosque, que estava viçoso e lindo, aperfeiçoou-o um tanto e transformou-o num belo e agradável parque.

Nos dias atuais, meu amigo Gervásio e eu, já muito velhos, gostamos de passear pelo nosso bosque, depois do almoço ou do jantar. Sentamos à sombra daquelas árvores queridas, por nós plantadas, e ficamos pensativos, recordando os dias da infância, quando, com as nossas mãozinhas delicadas cavávamos a terra com a enxada de nossos pais para plantar belos arvoredos que hoje fazem o orgulho e a beleza de uma cidade. Por sua vez, o pinheiro de Gervásio cresceu, alindou-se e hoje assinala o jardim da escola por ele fundada, reconstruída e melhorada, onde 280 crianças aprendem a ler gratuitamente, ensinadas por suas filhas e duas de suas amáveis amigas.

Sentimos hoje grande alegria confortando nossas almas por esse serviço realizado durante nossa infância. Não fomos de todo inúteis à nossa pátria e ao nosso próximo, pois plantamos árvores, jardins e belas hortas, que dão conforto e alegria a muita gente. Às vezes, vemos que passam mães e pais acompanhados dos filhos e dos netos, apontam para nós e exclamam a meia voz, como a nos saudar, agradecidos:

— Aqueles bons homens, quando eram meninos, plantaram este parque onde vocês brincam. Que Deus os abençoe!...

Moral da história

O analfabetismo não causa apenas a ruína do indivíduo, mas também do país em que existe. Instruir uma criança ou um jovem, criar uma escola para alfabetização é obra meritória para aquele que a executa, mormente se o faz por abnegação. É gesto que repercute no seio divino, glorificando aquele que o teve.

Plantar uma árvore, prover de frutos, de hortaliças, de árvores e flores o pedaço de terra que possuímos é tornar-se o homem agente da Criação para zelar pelo planeta em que vive e ajudá-lo a manter-se saudável e equilibrado para acolher os seus habitantes. Uma árvore, uma planta, são garantias da saúde para o homem e estabilidade climática para o planeta. Benditos sejam, pois, aqueles que cultivam a inteligência da criança, fornecendo-lhe a instrução, e que cultivam a terra, deitando sementes de vida e progresso em seu seio, servindo aos desígnios do Criador para a manutenção do planeta e da felicidade dos que o habitam.

Que o exemplo do meu amigo Gervásio estimule os corações idealistas, amigos do bem e do progresso.

O homem bom, do bom tesouro do seu coração, tira o bem. (Lucas, 6: 45; Mateus, 12: 33 a 37).

Vocabulário

Acácia – Árvore ornamental, de tipo majestoso, da família das leguminosas, tribo Mimóseas. Belas flores amarelas, em cachos longos e pujantes.

Criação – Ato ou efeito de criar. Tudo o que seja criado pelo homem, ou por ele organizado. Diz-se, com maior ênfase, do que é criado pela natureza, ou Lei divina. Criação divina ou da natureza: o que não pode ser criado pelo homem.

Cedro – Nome dado a várias árvores das famílias das lauráceas, melióceas e pináceas, gêneros aniba, cedrela, larix e juníperus.

Imbuia – Árvore do Brasil, da família das Lauráceas, também chamada umbuia. Forte, bela e resistente, excelente para a fabricação de móveis.

Ipê – Belíssima árvore do Brasil, que, ao florescer, despe-se das folhagens e perfuma o local em que se ergue. Sua flor é bela e delicada, de cores variadas, como as flores de jardim. Pertence às famílias das leguminosas-cesalpináceas, das bignoniáceas e das borragináceas.

Peroba – Árvore do Brasil, da família das apocináceas. Madeira forte e bela, excelente para a fabricação de móveis.

Pinheiro – Gênero de árvores das famílias das araucariáceas e das pináceas, cuja espécie comum no Brasil é a araucária brasileira. O pinheiro, qualquer que seja o gênero a que pertença, é sempre belo e ornamental.

6

O MENINO DESOBEDIENTE

Abordaremos, neste capítulo, os tópicos Antenorzinho; O desastre; e No Além-túmulo.

6.1 Antenorzinho

Em uma antiga cidade do Estado do Rio de Janeiro, há muitos anos passados, havia um rapazinho chamado Antenor de Souza Filho. Seu pai também se chamava Antenor de Souza, por essa razão, foi preciso acrescentar ao seu nome a qualidade de filho, para não ser confundido com o pai.

Antenorzinho possuía cinco irmãs, era ele o único homenzinho entre os filhos do senhor Antenor de Souza e contava 12 anos de idade. Era estudioso, amoroso com os pais e as irmãs, mas era também desobediente e teimoso, pois não atendia aos conselhos dos pais para ser um menino cordato e compreensivo. Constantemente, sua mãe pedia-lhe que não perambulasse pelas ruas da cidade, pois ela achava muito feio um menino de boa família vagar pelas ruas como um desocupado. E dizia:

— À tarde você pode passear, meu filho, com seus colegas de escola. Mas durante o dia, ao sair da escola, você não deve ficar vagando pela rua. Volte para casa, venha alimentar-se e descansar do esforço dos estudos para, à noite, estar em condições de fazer os deveres escolares para o dia seguinte. É muito feio e até perigoso um menino permanecer pelas ruas como um desocupado sem lar nem família.

O pai aconselhava-o do mesmo modo, suplicava-lhe, repreendia-o amigavelmente, fazendo-o ver a inconveniência que ele praticava perambulando pela cidade ao sair da escola até a tarde, e fazia-o prometer que se corrigiria. O menino então prometia tudo, mas, no dia seguinte, ao sair da escola, incorria na mesma falta e aparecia em casa apenas para o jantar.

Muitas vezes ele se reunia a outros rapazinhos também teimosos e desobedientes e iam tomar banho num grande rio que existia na cidade, rio esse cujo nome era Piraí e que despejava suas águas em outro rio ainda maior, chamado Paraíba.

Hoje em dia, esses dois rios têm as suas águas muito diminuídas porque aproveitados para suprir de água e força elétrica outras localidades, mas no tempo de Antenorzinho ambos eram imensos e caudalosos.

Tomar banhos em rios assim caudalosos é muito perigoso, e um menino sensato, obediente a Deus e amigo dos pais e da família não se deve expor a isso, porque pode morrer afogado, sem possibilidade de ser socorrido por alguém. O melhor mesmo é os meninos aprenderem a nadar nas piscinas dos colégios ou de algum clube, que haja na cidade para o recreio das crianças, pois aí haverá vigilância de guardas salva-vidas ou inspetores escolares e não haverá muito perigo de desastres. Mas, onde não houver piscinas, será mais prudente os meninos se absterem de aprender a nadar em rios, porque tal passatempo é perigoso, pode ser fatal.

Toda pessoa humana tem responsabilidade com a sua própria vida perante Deus, por isso todos nós devemos ser cautelosos e não nos expormos a perigos desnecessários, pois, se assim fizermos, teremos de responder perante Deus pela nossa displicência, sofrendo consequências desagradáveis. Às vezes, pode acontecer que o nosso livre-arbítrio mal orientado nos arraste a desastres que poderiam ser evitados se fôssemos mais prudentes e fiéis a Deus. Nosso mau procedimento, nossa insistência na prática dos erros poderão atrair obsessores que muito nos poderão prejudicar, até mesmo levando-nos a praticar erros lamentáveis, que nos poderão conduzir à morte, como se se tratasse de um suicídio. Por meio de belas lições existentes em *O evangelho segundo o espiritismo*, de Allan Kardec, nossos guias espirituais, protetores da humanidade, advertem que nem tudo o que sofremos neste mundo é destino traçado previamente, antes de nossa encarnação; a maior parte dos nossos sofrimentos é fruto da nossa própria vontade mal orientada e do desrespeito a nós mesmos e à Lei de Deus. Muitas vezes, um indivíduo desencarna por um desastre provocado por ele próprio, como se fosse um suicídio, e pelas leis da vida espiritual é, realmente, considerado um suicida. Com o seu mau procedimento, ele pode atrair obsessores e, assim sendo, tudo poderá acontecer.

Antenorzinho frequentemente tomava banhos naqueles dois rios sem os pais saberem; ia para o alto dos morros caçar passarinhos com espingardas de chumbo, coisa igualmente perigosa e lamentável, que pode matar e cegar alguém; fazia mil peraltices temerárias que não devia fazer. Mas os pais de nada sabiam, apenas julgavam que ele andasse pelas ruas, aconselhavam-no, mas o menino não atendia os conselhos paternos. E tanto fez que, realmente, atraiu Espíritos obsessores para si, os quais o perturbavam, fazendo-o praticar atos cada vez mais temerários.

Um dia, Antenorzinho pediu ao pai que lhe comprasse uma bicicleta, pois queria dedicar-se a esse esporte para participar de corrida. O senhor Antenor de Souza achou o desejo do filho muito razoável. Era um pai amoroso e paciente, queria satisfazer o filho, a fim de comovê-lo, torná-lo obediente e cada vez mais estudioso. Aproximava-se o Natal. O senhor Souza fez um sacrifício, pois era um modesto funcionário público, comprou a bicicleta e presenteou o filho com ela na noite do Natal.

Radiante, o menino correu a cidade toda de bicicleta no dia de Natal, os companheiros se chegaram a ele mais do que nunca, e só apareceu em casa ao escurecer.

Muito contrariado com o procedimento do filho, que preferira passar aquele dia na rua a ficar em casa com os pais e as irmãs, comemorando o natalício de Jesus, o senhor Souza deixou para conversar com ele a respeito do seu procedimento no dia seguinte, pois era um homem de bem, respeitava Jesus e não quis criar atrito na família naquele dia consagrado à paz e à fraternidade de todos os corações.

No dia seguinte, o senhor Souza conversou seriamente com o menino. Fê-lo compreender o mau procedimento do dia anterior, aconselhou-o, repreendeu-o. A mãe, em lágrimas, rogou ao filho querido que fosse mais amigo do lar, que preferisse a companhia dos pais à dos desocupados e malandros da rua e se aplicasse melhor aos estudos para conseguir um futuro feliz ao se tornar adulto. E tanto o pai como a mãe disseram-lhe que, se não procurasse se emendar desse mau hábito, iriam interná-lo em um colégio, a fim de que se corrigisse com as disciplinas obrigatórias, porquanto ele contava apenas 12 anos de idade e não poderia crescer assim desobediente.

Antenorzinho prometeu, chorando, que se emendaria e tudo terminou bem. Os pais o abraçaram afetuosamente e não se falou mais no lamentável acontecimento. Mas estava escrito que seria aquela a última vez que o menino Antenor seria repreendido pelos pais.

6.2 O DESASTRE

Cinco dias depois era domingo.

O dia estava nublado, ameaçando chuvas.

Havia já alguns dias que chovia, e os rios que banhavam a cidade estavam muitos cheios. O senhor Souza estava resfriado e se conservava acamado. E sua mulher entretinha-se com os trabalhos caseiros.

Até a hora do almoço, Antenorzinho conservara-se tranquilo em casa, preparando as lições para o curso de férias que fazia com vistas à admissão ao curso ginasial. Mais ou menos às duas horas da tarde, o menino esgueirou-se para o quintal, pegou da bicicleta e seguiu para a rua, sem nada dizer aos pais. Rodou a bicicleta durante uns 15 minutos e depois encontrou dois companheirinhos, de dez e 12 anos de idade, os quais lhe disseram:

— Antenorzinho, vamos ver o Piraí desaguar no Paraíba? Os dois rios estão cheios e o encontro deles é uma beleza! O Paraíba custa a dominar as águas do Piraí! Até parece a pororoca do rio Amazonas despejando no oceano!

Mais que depressa Antenorzinho aceitou o convite e foi com os amigos. Estes, atemorizados, sentaram-se a distância para apreciar o panorama das águas em luta para se unirem em uma só cauda. Antenorzinho, porém, chegou bem perto e, de repente, exclamou:

— Vou tomar um banho aqui!

— Não faça isso, colega, é perigoso! Você tem coragem?

Os dois rios se juntavam dentro da própria cidade, no final de uma pequena rua. Não havia ribanceira, o leito do rio era quase nivelado ao declive da pequena rua. Antenorzinho, porém, respondeu:

— Tenho coragem, sim, não há perigo nenhum. Está vendo o mourão forte daquela cerca? Amarrarei um arame ao mourão e à minha cintura. Aqui, na margem, não é fundo, conheço o local. E me divertirei mergulhando e voltando à tona muitas vezes, pulando, preso ao mourão pelo arame...

Os amigos, agora convencidos, entenderam que seria muito divertido mesmo, e o incentivaram ao sucesso.

Antenorzinho arranjou o arame pelas imediações. Voltou para onde estavam os companheiros, confiou-lhes a bicicleta, despiu-se, deu-lhe as roupas a segurar, rindo e recomendando:

— Não contem nada a papai nem a mamãe que eu tomei este banho, heim? Eles não precisarão saber...

Amarrou o arame ao mourão da cerca, torceu-o várias vezes e considerou-o firme. Em seguida passou-o pela própria cintura e torceu-o da mesma forma. E saltou para as águas. Mergulhou até o meio do corpo, por entre as risadas dos amigos e as suas próprias risadas. E começou a saltar, abaixando-se, mergulhando e voltando à tona. Fez esse exercício várias vezes. À proporção que mergulhava e pulava, porém, o arame preso ao mourão se destorcia. Ele não o percebia, louco de alegria com a proeza que divertia os amigos. No local ninguém mais havia a fim de impedi-lo do perigoso intento. Subitamente mergulhou e não apareceu mais: o arame se desprendera completamente do mourão e o turbilhão das águas arrastou-o para o rio maior, que absorvia o menor.

Rindo muito, os companheirinhos, não tendo percebido que o arame se desprendera, julgavam-no mergulhado, por brincadeira. Até que vendo que demorava muito a aparecer novamente, o mais velho dos meninos exclamou, levantando-se do chão, onde se sentara:

— Vamos embora, Zezé! Estou com medo... Acho que o Antenorzinho se afogou, está demorando muito a aparecer...

— Não! Vamos ficar mais um pouquinho, pode ser que ainda apareça... ele gosta de brincar...

Mas acabaram ambos por se convencerem de que alguma coisa grave acontecera, pois o amigo não aparecera mais...

Tomaram então a bicicleta e as roupas do amigo e marcharam diretamente para sua casa. Bateram à porta, foram recebidos pela mãe do rapazinho rebelde e disseram, na sua simplicidade de crianças:

— Olha aqui, dona Nenê, nós trouxemos a bicicleta e as roupas do Antenorzinho. Ele estava brincando de mergulhar na enchente do Piraí, mergulhou e não apareceu mais, os rios estão muitos cheios e eu acho...

Mas não foi preciso terminar a narrativa. Toda a família de Antenorzinho saiu para a rua, foi para o local indicado. Quase toda a população da cidade foi para o mesmo local. Nada foi possível fazer. Antenorzinho tinha desaparecido nas águas. E a cidade toda sofreu e chorou com os seus pais.

6.3 No Além-túmulo

Mas, felizmente, a morte não existe.

O que desaparece é apenas o corpo carnal, o qual é mesmo destinado a desaparecer porque é constituído de uma matéria frágil, putrescível. Nós, porém, criaturas humanas, não possuímos apenas o corpo de carne. Nossa verdadeira individualidade reside em nosso ser espiritual, isto é, em nosso espírito, em nossa alma. Nosso espírito jamais morre, é eterno porque foi construído por Deus, de essências espirituais muito puras, imortais. Quando alguém morre, é porque o corpo não pode mais conter o Espírito e, então, este abandona o corpo, que não mais serve, isto é, desencarna.

Foi o que aconteceu a Antenorzinho.

Tendo mergulhado nas águas, com aquela sinistra brincadeira, sem saber nadar e estando os dois rios muitos cheios, escorregou, puxou o arame, que se abriu completamente, caiu e foi arrastado pela terrível correnteza do rio. Um obsessor induzira-o ao terrível ato.

Num rápido instante, ele compreendeu o que se passava. Pensou no pai, na mãe, nas irmãs. Compreendeu que se afogava, pensou no desgosto que os pais teriam, na desobediência que sempre cometera contra os conselhos dos pais. E então perdeu os sentidos, como quem dormisse um sono pesado.

Quando recuperou os sentidos, alguns dias depois, compreendeu que estava desencarnado.

O Espírito Antenorzinho foi socorrido pelos seus guias espirituais, foi consolado e aconselhado, e depois, quando serenou do choque sofrido e recuperou-se do sofrimento por que passou, compreendeu tudo e ouviu o que o seu guia espiritual dizia:

— A sua desencarnação, meu filho, valeu por um suicídio diante das Leis de Deus. Foi o fruto da sua desobediência aos bons princípios de respeito a Deus, à família e a si próprio. Com a sua constante rebeldia contra os conselhos de seus pais, a teimosia de todos os dias e falta de crença em Deus, você atraiu obsessores, isto é, Espíritos maus, inimigos do bem, que gostam de desgraçar as pessoas que vivem afastadas do amor a Deus. A sua brincadeira no rio caudaloso foi uma temeridade instigada por obsessores, foi uma ofensa feita a Deus, aos seus pais e a você próprio. Foi, pois, um suicídio por obsessão o que você praticou. E essa falta somente tem atenuante a seu favor porque você não teve intenção de se matar e foi impelido pela tentação de obsessores, aos quais você atendeu, em vez de repelir.

Agora é preciso reencarnar novamente para cumprir o tempo e as tarefas que você necessita realizar na vida terrena. Você, portanto, nascerá outra vez, seus pais serão os mesmos, pois eles foram bons para você e merecem consolo de possuírem outro filho varão. Aconselho você a ser obediente e atencioso para com seus pais, pois é dever de todos os filhos, e a lição que acaba você de sofrer, com suas rebeldias, deve servir de emenda...

Antenorzinho ouviu o conselho do guia chorando e prometendo que seria um bom filho dali por diante, pois estava arrependido das desobediências cometidas, e mesmo passara por uma provação muito grande, desencarnando naquelas condições.

Assim foi que, dois anos depois da sua desencarnação, o menino rebelde, agora convertido, reencarnava no mesmo lar em que vivera antes, tendo como pais o mesmo senhor Antenor de Souza e sua esposa, a dona Nenê. A diferença única foi que, em vez de receber o mesmo nome do pai, ele recebeu o nome de Adolfo e agora era o filho caçula. Seus pais lhe deram o nome de Adolfo porque foram muitos consolados pelo Espírito Dr. Adolfo Bezerra de Menezes, na provação por que passaram com o sucedido a Antenorzinho. Ele foi recebido no lar com muito amor e carinho por toda a família, tornou-se um bom menino, amigo do lar, dos pais e sincero crente em Deus e respeitador dos guias espirituais.

O sofrimento por que passara, desencarnando por uma forma que não estava na Lei de Deus, serviu-lhe de emenda.

Moral da história

Quando uma criança se mostra irascível, desobediente, refratária aos conselhos e razões paternos, convém que os pais procurem um Centro Espírita recomendável pela sua caridade e a submetam a um tratamento psíquico, a critério do guia espiritual da Casa. Frequentemente, tal acontece por ser essa criança assediada por Espíritos perturbadores, capazes de infelicitá-la e infelicitar-lhes o lar. Convém mesmo que todos os pais, prevenindo esses contratempos, que tanto perturbam e ferem, ensinem os filhos a orar desde cedo, dando-lhes o Evangelho em casa, por meio de lições e narrativas atraentes, que serão inspiradas pelos portadores espirituais do bem. No lar onde o Espírito do Cristo de Deus for amado e respeitado, no coração educado no amor de Deus, o Espírito das trevas não encontrará ensejos para provocar desgraças. O próprio livre-arbítrio do homem será mais atento e honesto, fiel à pratica do bem e ao cumprimento do dever.

O Evangelho, o amor e a prece protegem o homem na travessia áspera das encarnações terrenas.

Honrarás a teu pai e a tua mãe, para que se prolonguem teus dias na terra que o Senhor teu Deus te dá. (O 4º mandamento da Lei de Deus, Êxodo, 20:12. Ver também *O evangelho segundo o espiritismo*, cap. I, Dez Mandamentos).

Vocabulário

Rio Amazonas – Um dos maiores rios do mundo, senão o maior. Nasce no lago Lauricocha, na cordilheira dos Andes (Peru), a 4.000 m acima do nível do mar, com o nome de Maranhão. Banha o Peru e o Brasil, atravessa enormes florestas virgens e lança-se no Oceano Atlântico no estado do Pará (Brasil). Seu curso é de aproximadamente 6.420 km. Recebe um número considerável de afluentes. A sua largura na planície brasileira é de 6 a 8 km. A largura da sua foz principal é de 92 km. Na ocasião das cheias, o Amazonas penetra no oceano até cerca de 400 km. A influência da maré estende-se até 790 km acima da foz. O Amazonas foi descoberto pelo espanhol Vicente Yanez Pinzon, que lhe deu o nome de "Mar doce". Quarenta anos depois, Francisco Orelhana substituiu este nome pelo de Amazonas.

Paraíba do Sul – Rio dos Estados de São Paulo, Minas Gerais e Rio de Janeiro. Nasce na serra da Bocaina (São Paulo) e separa os estados do Rio de janeiro e Minas Gerais. Possui 1.058 km de curso.

Piraí – Rio do Estado do Rio de Janeiro, afluente do Paraíba do Sul, onde despeja suas águas dentro da cidade de Barra do Piraí. Nasce na Serra do Mar. Pequeno curso, nome de vários rios do Brasil. Nome de uma pequena e antiga cidade do Estado do Rio de Janeiro.

Pororoca – (brasileirismo) – Grande onda ruidosa, de alguns metros de altura, que sobe rio acima, destruindo tudo o que encontra em caminho e formando depois de sua passagem ondas menores, reconhecidas por banzeiras, que se vão quebrar violentamente na praia. Fenômeno comum na foz do Amazonas.

O divino convite

"Vinde a mim vós que sofreis!..."
E a palavra do Senhor,
Tocando nações e leis,
Ressoa, cheia de amor.

Herdeiros tristes da cruz,
Que seguis de alma ferida,
Encontrareis em Jesus
Caminho, verdade e vida.

Famintos de paz e abrigo,
Que lutais no mundo incréu,
Achareis no eterno Amigo
O pão que desceu do Céu.

Almas sedentas de pouso,
Que à sombra chorais cativas,
Tereis no Mestre amoroso
A fonte das Águas Vivas.

Vinde, irmãos, a Jesus Cristo,
O Guia que nos conduz!
Vosso caso está previsto
Em suas lições de luz.

(XAVIER, Francisco Cândido. *Antologia mediúnica do Natal*. Pelo Espírito Casimiro Cunha).

7

A REENCARNAÇÃO

Abordaremos aqui os temas Dois amigos; A mensagem do Céu; e A volta.

7.1 Dois amigos

Maurício era um menino muito inteligente e esperto.

Contando apenas cinco anos de idade, ele conversava com os pais, os avós e os tios muito bem. Gostava de ouvir e de contar histórias. Discutia os lances como uma pessoa adulta e entendia muito sobre animais. Sabia, por exemplo, que o cão, o gato, o leão, o tigre e todo animal de quatro pés são chamados quadrúpedes e mamíferos; que o boi, o cavalo, a cabra, o camelo e o dromedário, e todos os animais de casco rachado, ou ungulados, são ruminantes, além de serem quadrúpedes e mamíferos; que a baleia, que vive nos grandes oceanos, é um mamífero aquático; e o morcego é um mamífero voador cujas asas são membranas e não graciosas como as das aves. Sabia também que o jacaré, o sapo, a tartaruga, a cobra são animais anfíbios, isto é, animais que tanto podem viver dentro como fora da água, e também entendia muito de aves, pássaros e insetos. Esse menino amava tanto os animais que se zangava quando sua mãe dizia:

— Hoje vou mandar matar um frango para o jantar.

Ele protestava, dizia que a mãe não devia fazer tal coisa, pois o frango era uma ave inocente que não fazia mal a ninguém, e por isso seria crueldade matá-la. E repetia sempre:

— Quando eu crescer e ficar um moço, quero ser fazendeiro. E vou fazer um jardim zoológico na minha fazenda para proteger os bichos contra a maldade dos homens.

Maurício não entendia ainda que os homens têm necessidade de se alimentar de certas carnes, pois nem todos os organismos humanos podem passar sem esse tipo de alimentação.

Nas histórias que ele gostava de ouvir, não admitia que nenhuma personagem ou nenhum animal morresse. Quando muito, só admitia um desmaio. Era sensível e compassivo, amoroso e ainda muito puro e simples para poder entender a morte na sua verdadeira expressão grandiosa e racional que a Doutrina Espírita apresenta.

Nas proximidades de sua casa, porém, residia uma família que tinha um filhinho chamado Tárlei. Tárlei contava três anos de idade, sua pele era alva como as pétalas de uma rosa branca, e suas faces coradinhas como devem ser as faces de um anjo.

Era muito gentil, risonho, conversador e alegre.

Maurício adorava o seu vizinho, brincava diariamente com ele, conversavam seus inocentes assuntos durante horas esquecidas e só se separavam quando a mãe de um deles ia buscar o filho para as refeições em casa, com os pais, para o banho ou para o sono da noite. Maurício contava ao amiguinho as histórias que ouvia da sua mãezinha e o pequeno Tárlei ouvia-o com muita atenção e admiração.

Um dia, porém, aconteceu uma coisa muito grave com o pequeno Tárlei.

Houve uma grande epidemia de sarampo na cidade onde os dois amigos residiam.

Maurício era vacinado contra o sarampo, pois seus pais eram muito cuidadosos com a saúde do filho, e por isso não apanhou a terrível moléstia infantil. Tárlei, no entanto, não era vacinado: os pais haviam se descuidado de vaciná-lo e ele apanhou o sarampo. Seu estado era muito grave, os médicos faziam o que era possível a fim de salvá-lo, mas ele piorava cada dia mais. Finalmente, depois de uma luta de quinze dias, o lindo menino Tárlei faleceu, desencarnou, deixando a família desolada de tristeza e saudades.

7.2 A MENSAGEM DO CÉU

Maurício não compreendeu muito bem o que se passou com o seu amiguinho. Ele ouvia dizer:

— Tárlei morreu... Tárlei morreu...

Mas não o deixaram ver o amigo e ele continuou ignorando o que realmente se passava. Sentia a falta do amiguinho, pedia para vê-lo e brincar com ele. Sua mãe ficava muito aflita, não sabia como explicar a verdade ao filho. Então o distraía com outra coisa e não respondia a sua pergunta. Mas notava, de outras vezes, que o menino se distraía muito brincando sozinho, conversando e dirigindo-se ao Tárlei como se ele estivesse presente, rindo, chamando-o para outros locais, onde continuava a eterna conversa. Muito admirada, sua mãe, um dia, perguntou-lhe:

— Com quem você estava brincando e conversando hoje, meu filho?

E o menino respondeu muito naturalmente:

— Eu?... Estava brincando com Tarleizinho... Ele é meu amigo...

— Mas o Tarleizinho não está mais aqui, ele agora mora no Céu...

— Não, minha mãe, ele brinca comigo, sim, não está no Céu, não... Às vezes é que não vem brincar...

E, às vezes, Maurício perguntava à mãe:

— Minha mãe, onde está o Tarleizinho?... Hoje ele não veio brincar comigo...

Sabedora desses fatos, a mãezinha do pequeno Tárlei chorava muito e sofria profundamente.

Ora, foi justamente o guia espiritual da família que auxiliou a mamãe de Maurício a solucionar aquela difícil situação.

Essa senhora chamava-se Eliete. Era espírita e médium escrevente, isto é, escrevia sob a assistência dos bons Espíritos. Fazia, dessa forma, muita caridade para com as pessoas que sofriam, pois obtinha receitas médicas dos Espíritos para curar os doentes, consolava os sofredores, orientava aqueles que desejavam instruções evangélicas ou espíritas, obtinha mensagens do Alto para confortar as mães que viam desencarnar os seus filhos queridos. Fazia o bem de todas as formas. Quem é médium tem o dever de praticar a caridade e o bem com a sua mediunidade, pois atrai as simpatias e a assistência dos guias espirituais e o médium estará sempre sob a proteção do Alto, pois a Lei de Deus é amor e caridade.

A mãe de Tárlei estava inconsolável com a desencarnação do filho. Não comia, não bebia, não dormia e chorava o dia todo, desanimada e sofredora. Essa moça chamava-se Carlota. A mãe de Maurício, a Eliete, foi visitar a Carlota, deu-lhe um passe, a fim de reconfortá-la com as vibrações do mundo espiritual, orou com ela, pedindo a Deus um consolo para a pobre mãe, e conversou, procurando reanimá-la.

Subitamente, Eliete disse:

— Carlota, minha amiga, está presente entre nós um Espírito guia que deseja dirigir uma palavra a você. Dê-me umas folhas de papel e um lápis, porque ele vai escrever uma carta, uma mensagem, para você, utilizando a minha mão...

Carlota trouxe rapidamente o que fora pedido. As duas moças se concentraram, elevaram o pensamento a Deus, orando e, de repente, o braço da Eliete começou a se movimentar para escrever. Ela tomou do lápis, e o Espírito guia aproximou-se mais, pousou levemente os dedos sobre a fronte dela, descansou a mão direita sobre a mão direita dela e escreveu o seguinte, com muita ligeireza:

"Carlota, minha querida irmã:

Enxugue suas lágrimas, lembrando que a morte não pode existir no universo criado por Deus Todo-Poderoso. Apenas o corpo carnal é que desaparece, sendo devolvido à terra, de onde se origina. Mas o homem não é construído apenas de carne. Ele possui uma alma imortal, criada à semelhança do seu Criador e Pai. Essa alma é o verdadeiro ser do homem, é construída da própria luz que emana de Deus e por isso é eterna. Seu filho Tárlei, portanto, não morreu. Está vivo em Espírito e dentro de pouco tempo reencarnará em outro corpo material, nascerá outra vez e novamente será seu filho. Ele tem deveres a cumprir na Terra e por isso voltará a ela a fim de progredir bastante. A desencarnação dele verificou-se somente porque a fragilidade do seu corpinho não resistiu à violência da moléstia, porquanto essas coisas podem acontecer porque a Terra ainda é um planeta de provas e expiações. Mas ele voltará em breve, reencarnará e você o terá novamente nos braços, lindo e sorridente como antes. Enxugue, pois, as suas lágrimas, espere e confie, pois assim é a Lei de Deus."

Ao ler aquela carta tão consoladora, Carlota chorou nos braços de Eliete, agradecendo a Deus a Boa-Nova que recebera do Céu e o conforto que sentia no coração. Prometeu à amiga que não choraria mais e que esperaria a volta do seu querido Tárlei em novo corpo, praticando o bem entre as crianças doentes, em agradecimento a Deus pela dádiva que acabava de receber.

As duas amigas se despediram, muito reconfortadas, e foram cuidar dos afazeres domésticos.

7.3 A volta

Nesse mesmo dia, quando chegou a noite e o Mauricinho foi para o seu quarto deitar-se, chamou sua mãezinha para conversar. Eliete orou com ele, ensinando-o a dirigir-se a Deus e a Jesus por meio da prece, pois esse é um dever muito importante das boas mães com seus filhos pequeninos. Depois ela contou uma historinha leve ao menino, a fim de auxiliá-lo a adormecer. Subitamente, Maurício perguntou:

— Minha mãe, para onde foi o Tarleizinho? Ele não tem vindo brincar comigo...

Eliete sentiu uma inspiração repentina e respondeu, sem rodeios:

— Meu filho, Tarleizinho está vivendo agora no mundo espiritual. A alma dele deixou o corpo porque o corpo adoeceu e a alma não tinha mais condições de viver nele. Quando nossa alma deixa o corpo, vai para o mundo espiritual, mas o corpo, que é apenas matéria e lama, uma vez ficando sem alma, apodrece, e temos de sepultá-lo no cemitério...

— Que é mundo espiritual, minha mãe?

— É o Espaço infinito, é o Céu, onde vivem os Espíritos desencarnados, isto é, as almas das pessoas depois que elas deixam o corpo. Nossa alma não morre, é eterna, construída por Deus...

– E como é a nossa alma?

— É linda, toda tecida de luz, se nós formos pessoas boas, por isso é eterna como o próprio Deus[3]. Se somos pessoas más, ela não será nem linda nem muito luminosa, mas se resolvermos não mais errar e nos tornarmos bons, ela se tornará também linda e luminosa como as outras... Tárlei vai reencarnar...

— Que quer dizer reencarnar?

— Reencarnar é a alma que volta a viver em novo corpo de carne; é nascer outra vez, tornar a ser pequenino, crescer, ser grande outra vez. Tarleizinho vai, pois, nascer outra vez, será novamente filho da Carlota e você há de vê-lo outra vez pequenino...

Maurício nada mais perguntou e adormeceu.

Na manhã seguinte, enquanto tomava o seu café com leite, o menino interrogou novamente a mãe, muito naturalmente:

— Mamãezinha, falta muito tempo para meu amigo Tárlei nascer outra vez?

---

[3] NE: Trata-se, naturalmente, de força de expressão da autora, pois, como sabemos, Deus é eterno, porque não teve princípio nem terá fim, mas a alma ou o Espírito é imortal, porque foi criado por Deus em algum momento, porém jamais deixará de existir.

Eliete respondeu:

— Não sei, meu filho, mas não há de demorar muito...

Um ano depois, Tarleizinho voltou.

Carlota, certa de que seu novo filhinho era a reencarnação do seu querido Tárlei, não cabia em si de contente e só sabia sorrir. Repetiu o nome, de forma que o primeiro Tárlei, agora reencarnado, voltava a ter o mesmo nome da encarnação passada.

Eliete então levou Maurício a visitar o menino e levar-lhe um presente. Maurício olhou demoradamente o lindo nenê, de pele alva como as pétalas de uma rosa branca, e coradinho como devem ser os querubins do Céu, tal qual o primeiro, passou a mãozinha pela cabecinha loura do recém-nascido e exclamou sorridente:

— Ele voltou, minha mãe, bem você disse... É a alma do meu amigo Tárlei, feita de luz, que reencarnou em outro corpo de carne...

Maurício havia compreendido a reencarnação. E ainda chegou a brincar novamente com o seu antigo amiguinho.

Assim é a reencarnação.

Moral da história

A reencarnação é Lei divina, criada desde o princípio das coisas para o progresso e a evolução dos seres criados por Deus e para a reabilitação do homem que se fez pecador. Não devemos encobri-la das crianças, pois o seu conhecimento por parte desses seres delicados é de grande importância na reeducação do seu caráter, vindo de outras etapas reencarnatórias. A mãe, inspirada sempre pelo amor consagrado aos filhos, encontrará maneiras suaves de a eles transmitir os ensinamentos indispensáveis à boa compreensão da vida e ao respeito a Deus. Que as mães espíritas se habilitem nos conhecimentos gerais da sua Doutrina para que o seu filho não corra o risco de crescer alheado das grandes verdades eternas, cujos conhecimentos e aplicação na vida cotidiana poderão torná-lo crente racional e sincero e cidadão íntegro, útil à sociedade, feliz e realmente integrado no amor a Deus e ao próximo.

E se o quereis reconhecer, ele mesmo é o Elias, que estava para vir. (MATEUS, 11: 14 e 15, 17: 9 a 13; MARCOS, 9: 9 a 13.)

Vocabulário

Desencarnou – Em linguagem espírita, diz-se daquele cuja alma ou Espírito desligou-se do corpo carnal. Aquele que morreu.

Reencarnar – Aquele cuja alma ou Espírito, estando desencarnado, nasce outra vez, retorna em novo corpo de carne.

Grandes oceanos – Referências aos oceanos Atlântico, Pacífico e Índico.

Membrana – Tecido orgânico, mais ou menos laminoso, que envolve certos órgãos. Espécie de pele muito resistente, de que se compõem as asas do morcego, permitindo-lhe voar, e os pés do pato e demais aves aquáticas, permitindo-lhes nadar. Nestas, fazem efeito de nadadeiras, ou remos.

Resposta de mãe

— Minha mãe, onde está Deus?
— Ora esta, minha filha,
Deus está na luz que brilha
Sobre a Terra, pelos Céus.

Permanece na alvorada,
No vento que embala os ninhos,
No canto dos passarinhos,
Na meiga rosa orvalhada,

Respira na água cantante
Da fonte que se desata,
No luar de leite e prata,
Está na estrela distante...

Vive no vale e na serra,
Onde? Como explicar-te?
Deus existe em toda a parte,
Em todo o lugar da Terra...

Ó mamãe, como senti-lo
Bondoso, sublime e forte?
Será preciso que a morte
Nos conduza ao céu tranquilo?

Não, filhinha! Ouve a lição,
Guarda a fé com que te falo,
Só poderemos encontrá-lo
No templo do coração.

(XAVIER, Francisco Cândido. *Antologia da criança*. Pelo Espírito João de Deus).

8

OS NOSSOS IRMÃOS MENORES

Serão abordados aqui os seguintes tópicos: A conversa de Luisinha; e Os macacos.

8.1 A CONVERSA DE LUISINHA

Um dia, uma menina muito estudiosa conversava com sua mãe e, em dado momento, perguntou:

— Mamãe, os animais também são de Deus? Eles têm alma como nós? Por que não falam? Tenho notado que eles entendem tantas coisas, deviam, portanto, falar...

A menina chamava-se Luisinha.

A mãe chamava-se Isabel.

Dona Isabel admirou-se muito da pergunta feita pela filha, pois era uma pergunta muito importante, e, como era uma senhora muito boa e paciente, respondeu à menina:

— Sim, minha filha, os animais também são criaturas de Deus, isto é, foram criados por Deus. Como criaturas de Deus que são, eles podem ser considerados nossos irmãos inferiores, ou "nossos irmãos menores", como deles dizia São Francisco de Assis, pois também nós fomos criados por Deus, somos criaturas de Deus. E ainda como criaturas de Deus, eles certamente possuem uma alma, ou um princípio anímico, ou seja, uma alma em preparação, a qual deve desenvolver-se e progredir em inteligência, evoluir até atingir o estado de plenitude que a Lei de Deus Todo-Poderoso lhes reserva.

— Mas o que pode provar tudo isso que a senhora diz, minha mãe?

Mamãe respondeu:

— Em primeiro lugar, o que prova que os animais também progridem em inteligência e capacidade é o raciocínio sobre a própria Lei de Deus, tal como ensina a Doutrina dos Espíritos, à qual temos a honra de pertencer. Em segundo lugar, a observação sobre os próprios animais.

"Deus, o criador de todas as coisas, não poderia criar seres que nascem, vivem, se alimentam, amam, sofrem e morrem como nós para depois destruí-los para sempre. A criação de Deus é indestrutível, minha filha, jamais se aniquila, apenas se transforma e progride indefinidamente...

"Os órgãos dos animais são como os nossos, apenas um pouco menos perfeitos e desenvolvidos: cérebro, coração, pulmões, aparelho digestivo etc. Também eles possuem músculos, nervos, veias, sangue, ossos... etc., o que indica que terão de progredir também na sua forma corpórea, até que Deus os eleve ao plano que para eles destinou, pois, certamente, não foram criados tão parecidos conosco para depois serem exterminados para sempre ou permanecerem em eterna inferioridade. Refiro-me particularmente aos mamíferos, que são os animais que mais se assemelham aos seres humanos. Mas o que é certo é que todos, forçosamente, hão de progredir, porque Deus nada cria para votar à inferioridade."

— Mas... Como se faz esse progresso?

— Faz-se através da reencarnação, minha filha!

— Então os animais também reencarnam?

— Certamente que reencarnam! A lógica e a razão estão a indicar isso. Livros importantes sobre a vida e o progresso dos animais existem em nossa Doutrina Espírita, entre outros *O livro dos espíritos*, *O livro dos médiuns* e *A gênese*, de Allan Kardec; *A evolução anímica* e *Reencarnação*, de Gabriel Delanne, etc. À proporção que progridem os corpos, aperfeiçoando-se na escala zoológica, progride também o princípio inteligente, ou alma. Esta vai, assim, adquirindo maior força vibratória e, portanto, mais inteligência e poder de raciocinar. Além de tudo, podemos observar que os animais compreendem a nossa vida e os nossos costumes mais do que pensamos. Para nos capacitarmos disso, bastará prestarmos atenção em tudo o que eles fazem e são capazes de aprender, ensinados pelos homens, porque sozinhos é certo que eles não poderão progredir como tão bem explica Allan Kardec.

"Os animais sabem amar entre si também. Eles se unem como casal, fazem um ninho como se construíssem um lar, criam filhos, amam-nos muito, defendem-nos dos perigos que possam ameaçá-los e só os deixam quando eles não mais precisam dos seus cuidados para sobreviverem. Os animais chegam até a amar e obedecer aos próprios homens, senão vejamos: o cão ama o seu dono, ama as pessoas da casa onde vive e não as esquece, mesmo passando muito tempo sem vê-las, e ama a quem o beneficia e acaricia. Acompanha passivamente o dono, vivendo com ele dentro do lar, e não o abandona mesmo que sofra fome. É um animal amoroso e inteligente, o qual, se ensinado por um instrutor, torna-se artista e faz proezas num palco de teatro. O gato vive conosco em casa, como uma pessoa da família, entende-nos e até possui o seu modo pessoal de pedir comida quando sente fome: acaricia nossas pernas perpassando seu corpo aveludado por elas, como se nos quisesse agradar para obter os petiscos que nos vê preparando na cozinha. O cavalo entende o homem como se fosse humano também, aprende tudo quanto o homem lhe queira ensinar, aprende a dançar e, até mesmo, demonstra orgulho em servir o seu possuidor, como vemos acontecer com os cavalos de corrida e os que servem ao Exército; ajuda, pois, o homem sempre, como se compreendesse a necessidade que este tem do seu auxílio, e torna-se artista de circos se convenientemente preparado para tanto. Enfim, até as feras, como o leão e o tigre, aprendem muito bem o que o domador ensina, a ponto de se exibirem nos circos de diversões como artistas,[4] tal como os cavalos. Não falando do elefante e do macaco, que são animais dos mais inteligentes que há. Parece que eles sabem até mesmo raciocinar alguma coisa, o que depois explicarei. Ora, se eles têm possibilidades de compreender o homem e serem por este compreendidos, é sinal de que possuem um princípio inteligente, uma alma, sim, não igual à nossa, porém, menos desenvolvida do que a nossa, mas dotada de condições para progredir sempre...

— Então, por que não falam? — tornou Luisinha a indagar de sua mãe.

Mas, para surpresa da menina, dona Isabel respondeu:

— Mas os animais falam, minha filha! Têm o seu modo particular de se entenderem uns com os outros! Não falam, certamente, como nós falamos, pois pertencem a uma escala ainda inferior do reino animal e não possuem vibrações cerebrais e psíquicas para tanto, mas têm a sua voz, o seu modo de externar o que querem e o que sentem. Só ainda não têm a palavra. Por exemplo: O cão ladra, gane e com esse modo de se manifestar é compreendido pelos outros animais e até por nós. O gato mia, o boi muge e assim manifestam dor, raiva e sentimento. O cavalo relincha e muita coisa manifesta com o seu modo particular de "falar". O carneiro bale, a fera urra, o asno zurra, o galo canta e cacareja, assim como a galinha. Os pássaros cantam e cada espécie tem o seu modo próprio de se revelar por meio do

---

[4] N.E.: À época em que a história foi escrita e até há pouco tempo era costume que os circos oferecessem espetáculos protagonizados por animais, principalmente cavalos, leões, tigres e elefantes. Hoje, tramita no Congresso Nacional um projeto de lei (PL 7291/2006) pelo fim do uso de animais em espetáculos circenses.

canto, enfim, até os insetos possuem uma voz, ou um modo de se fazerem reconhecer e compreender, e por esse modo são reconhecidos uns pelos outros e também por nós, que somos humanos. Allan Kardec, em *O livro dos espíritos*, adianta que os animais "dizem uns aos outros mais coisas do que imaginamos", valendo-se dos ensinamentos que lhe concederam os Espíritos superiores que ditaram o livro máximo da Doutrina Espírita (q. 594).

"Como vê, os animais estão no início de um programa da natureza, programa estabelecido pela Lei suprema do Criador, o qual têm que percorrer a fim de progredir. Eles pertencem à escala zoológica, conforme nós próprios pertencemos, mas ainda não atingiram o estado humano. O nosso bom senso, porém, a nossa razão, o critério com que analisamos as leis naturais, o nosso sentimento, a ideia grandiosa que fazemos do amor, da sabedoria e da justiça de Deus, assim como a Revelação dos Espíritos, indicam que, graças à lei da reencarnação e o suceder dos séculos e dos milênios, um dia eles atingirão o estado humano, obedecendo à lei do progresso. O progresso é Lei divina, lei da natureza. Os animais, portanto, não poderiam ser criados por Deus para serem eternamente inferiores, sofredores, atirados a um eterno atraso. É por isso que nossos guias espirituais aconselham o amor e o bom trato aos animais e que São Francisco de Assis os denominava 'nossos irmãos menores'".

Luisinha ficou muito admirada pelo que sua mãe dizia e, em seguida, pediu-lhe:

— Mamãe, agora conte-me algum fato verídico em que haja a demonstração da inteligência dos animais.

Dona Isabel concordou, dizendo:

— Há muitos fatos verídicos narrados por ilustres sábios e domadores de animais e também por homens do campo, que demonstram a inteligência dos animais. Mas narrarei um fato que realmente aconteceu e que os jornais noticiaram durante muito tempo, embora tenha se passado há mais de quarenta anos. Ocorreu no Brasil, e você verá como um grupo de macacos protegeu e salvou um homem da morte certa.

8.2 Os macacos

"Há muitos anos passados, creio que há mais de quarenta anos, dois moços franceses, jornalistas, foram presos em sua terra natal, a França, e condenados ao exílio na Guiana Francesa.

"Um dos moços chamava-se André, o outro tinha por nome Jean.

"Guiana Francesa é um território sul-americano. Pertenceu à França (possessão francesa na América do Sul) e faz limites com o Norte do Brasil, lugar desolado, onde criminosos políticos da França e até criminosos comuns eram presos, condenados aos trabalhos forçados, às vezes, para sempre, e exilados, banidos, também em muitos casos para sempre.

"Nos dias atuais, porém, não mais existem presídios na Guiana Francesa. O governo da França os extinguiu e nem mesmo exilados ali existem mais. A própria Guiana tornou-se país independente, não mais pertence à França.

"Os dois jovens eram boas pessoas, foram injustiçados por motivos políticos e não mereceram uma condenação tão rigorosa.

"Depois de algum tempo, durante o qual muito sofreram, os dois prisioneiros resolveram fugir.

"Naquele tempo, a quem estivesse prisioneiro na Guiana Francesa seria difícil fugir, senão impossível. O território é cercado pelas matas do Brasil, além das suas próprias matas; por imensos atoleiros, onde existem jacarés, e pelo Oceano Atlântico, que ali é bravio e ameaçador, infestado de tubarões. Mas, mesmo assim, André e Jean resolveram fugir e vir para o Brasil, pois eles sabiam que o Brasil é uma pátria acolhedora, sempre pronta a servir ao Direito e à Justiça. Fugiram, portanto, e atingiram o Estado do Pará, pois nesse tempo a Guiana Francesa fazia limites com o nosso Estado do Pará. Depois, porém, que o governo brasileiro criou o território do Amapá, hoje Estado do Amapá, a Guiana Francesa limita apenas com este Estado.

"No entanto, os dois fugitivos perderam-se nas matas, não atinavam com nenhum caminho que levasse a uma povoação onde pudessem ser socorridos e protegidos pelas leis brasileiras.

"As matas do Pará são verdadeiras florestas virgens, muito espessas e perigosas. Caudalosos rios, povoados de peixes e jacarés cortam o estado, o qual mede nada menos que 1.250.003 quilômetros quadrados.

"Uma vez perdidos nas matas, todos os perigos cercavam os dois moços: onças, cobras, queixadas, feras de pequeno porte, mas ferozes, de grande variedade; a fome, a sede, os atoleiros, as febres e até os mosquitos venenosos. Dormiam em cima das árvores, em cujos galhos se amarravam com os próprios cintos, e se alimentavam de frutas silvestres que eles conheciam desde a Guiana e sabiam que eram inofensivas. E andavam, andavam, sem saírem de dentro da mata, completamente perdidos. Encontraram também muitos macacos, mas os macacos do Brasil não são perigosos e não foi necessário aos dois fugitivos se defenderem de nenhum, pois eles não os atacaram. Ao contrário, os macacos costumavam segui-los saltando de árvore em árvore e fazendo grande algazarra com gritos, enquanto se exibiam em saltos e peraltices, como desejassem divertir os visitantes.

"Ora, o macaco sabe muito bem, como a todos os demais animais acontece, o que pode e o que não pode comer, sabe quando uma fruta é boa ou quando é venenosa e pode matar aquele que a come.

Os dois moços sabiam disso. Quando viam os macacos comerem uma fruta que fosse desconhecida deles, eles também comiam, os macacos viam o que os dois moços faziam e ficavam quietos, sem reação nenhuma. Às vezes, até os macacos colhiam as frutas, comiam e atiravam outras ao chão, para eles.

"Como você vê, Luisinha, o macaco é amável e solidário por natureza, é amigo do homem e os citados em nossa narrativa compreendiam que os dois moços precisavam comer também.

"Entretanto, à proporção que os dias se passavam, as frutas foram escasseando e os dois moços começaram a sentir muita fome. Nada encontravam nas árvores que ao menos de leve pudesse mitigar a terrível fome de que se sentiam possuídos. Até que por uma bela manhã encontraram uma árvore frondosa, carregada de frutos maduros, cheirosos como maçãs. Um pequeno grupo de macacos os havia seguido. Ao que parece, estavam também com fome, pois permaneciam tristonhos, sem as costumeiras algazarras. Vendo aqueles belos frutos, André e Jean correram para a árvore e começaram a apanhá-los, no intento de se alimentarem com eles. Imediatamente, porém, os macacos começaram a gritar e a pular desesperados, sacudindo os braços, em cima dos galhos das árvores. Pularam depois para uma árvore que também mostrava os mesmos frutos, apanhavam-nos e jogavam-nos fora como se dissessem:

'— Não comam destas frutas, amigos, que são venenosas e poderão matá-los. Sigam o nosso exemplo, nós não as comemos, pois elas matam'.

"André compreendeu imediatamente o que os macacos pareciam querer dizer com aqueles gestos e jogou fora as frutas que apanhara. Teve força de vontade. Jean, porém, infelizmente, morto de fome, não quis compreender nem atender ao amigo, que lhe pedia para não comer as lindas frutas. Achou que elas eram boas e comeu uma. Alguns minutos depois, violentas dores de estômago o assaltaram, como se um corrosivo lhe devorasse as entranhas. Ele caiu no chão retorcendo-se todo, uma espuma pastosa e sanguínea assomou-lhe à boca e às narinas, um arroxeamento rápido tomou-lhe o rosto, as mãos, todo o corpo, ele gemia e se retorcia em dores atrozes e em menos de uma hora estava morto.

"André socorria o amigo, mas nada podia fazer senão chorar, não trazia consigo nenhum medicamento que pudesse aplicar a fim de salvar o pobre rapaz. Enquanto Jean agonizava, os macacos silenciaram nos galhos das árvores e se portaram como se compreendessem o que se passava. Depois, desapareceram dali. Mas André não poderia ficar naquele lugar, velando o cadáver do amigo. Encheu-se de coragem, abriu no chão uma sepultura. Utilizou o facão que levava e pedaços de pau que encontrou em derredor e sepultou Jean como pôde. Fez uma cruz de paus, colocou-a na sepultura, orou, chorando, pela alma do amigo, pediu a proteção de Deus para si próprio e seguiu a sua dramática viagem.

"Na tarde desse mesmo dia, André encontrou um grupo de homens que caçavam. Eram trabalhadores rurais e índios amigos. Os homens deram água e um pouco de alimento ao pobre moço. André contou-lhes tudo e pediu-lhes que o levassem a alguma povoação onde se pudesse entender com as autoridades brasileiras. Os caçadores então o levaram rio abaixo em uma canoa, pois ali perto havia um grande rio, já que pelas matas era impossível encontrar caminho. André chegou a um posto do Serviço Nacional de Proteção aos Índios, foi devidamente socorrido e encaminhado às autoridades brasileiras. Foi, portanto, acolhido pelo Brasil e aqui fixou residência, pois prisioneiros políticos geralmente são acolhidos pelo país a quem pedem asilo.

"Mais tarde, André transportou-se para a capital de São Paulo, adquiriu muitos amigos, foi ajudado por todos, colocou-se bem em uma empresa, depois se naturalizou brasileiro, casou-se com uma brasileira e é feliz até hoje. Se não fosse, porém, a ação dos macacos, avisando-os de que aquela fruta era venenosa, ele a teria comido e também morrido, como seu amigo Jean."

Dona Isabel concluiu a narrativa, mas Luisinha perguntou ainda, por uma última vez:

— Como a senhora soube de tudo isso, mãezinha?

— Os jornais da época noticiaram esses acontecimentos, minha filha, publicando até mesmo o retrato de André, e este mesmo, mais tarde, escreveu e publicou um livro narrando essas aventuras em que macacos solidários com os homens tomaram parte importante.

Moral da história

Se formos pacientes e resignados nas horas de provação, obteremos sempre auxílio necessário ao nosso consolo e ao alívio dos nossos sofrimentos. Aquele que se desespera, porém, e descrê de Deus deixa de ter condições para raciocinar e poder orientar-se, não compreendendo então as intuições salvadoras que o Céu envia. O paciente e o resignado têm fé em Deus e confiam na Sua Misericórdia. O que se desespera em nada confia e na maior parte das vezes sucumbe ao peso das próprias desventuras.

Na história real que acabamos de apresentar, verificamos que o auxílio do Alto para os dois fugitivos serviu-se de simples animais, avisando-os de que os frutos que desejavam comer causar-lhes-iam a morte. André, paciente, soube compreender o auxílio que recebeu e salvou-se. Jean, porém, desesperou-se e morreu envenenado. Foi, portanto, responsável pela própria desencarnação, cometeu um quase suicídio, porque poderia se salvar.

Tenhamos coragem e fé durante as lutas que enfrentarmos no decorrer da vida. Sejamos pacientes e confiantes em Deus nos dias de provação e seremos sempre auxiliados pela misericórdia do Alto.

Bem-aventurados os que têm fome e sede de justiça, porque serão fartos. (MATEUS, 5:6; LUCAS, 6:20 a 23.)

Vocabulário

Injustiçado – Aquele que sofreu injustiça, que foi ofendido pelo direito ou leis de uma condenação arbitrária.

Jean – Nome próprio da língua francesa, cuja tradução para a língua portuguesa é João. Pronuncia-se Jan.

Queixada – Espécie de porco-do-mato da família dos *Taiaçuídeos*, chamado também *tacuite*, e, em Goiás, *queixo-ruivo*. Espécie de javali, feroz e muito voraz. Anda em bandos.

Serviço Nacional de Proteção ao Índio – Humanitária instituição do governo brasileiro, cuja finalidade é defender e proteger os direitos dos nossos índios, como verdadeiros brasileiros que eles são.

Canção do Natal

Mestre Amado, agradecemos,
Em teu Natal de alegria,
A paz que nos anuncia
A vida superior...
Por nossa esperança em festa,
Pelo pão, pelo agasalho,
Pelo suor do trabalho,
Louvado sejas, Senhor!...

Envoltos na luz da prece,
Louvamos-te os dons supremos,
Nas flores que te trazemos,
Cantando de gratidão!...
Felizes e reverentes,
Rogamos-te, doce Amigo,
A bênção de estar contigo
No templo do coração.

(XAVIER, Francisco Cândido. *Antologia mediúnica do natal*. Pelo Espírito Casimiro Cunha).

9

O MENINO QUE ERA MÉDIUM

Serão explanados neste capítulo os tópicos a seguir: Mãe e filha conversavam; O passeio; e A volta.

9.1 Mãe e filha conversavam

Certa vez, a menina Luciana conversava com sua mãe depois de se preparar para fazer as orações da noite e deitar-se.

As crianças da atualidade são muito espertas, entendem tudo, até de aeronáutica e viagens à Lua. Por isso, muitas entendem também de Espiritismo, quando pertencem a famílias espíritas, gostam de tomar passes, sabem que o médium é o instrumento que permite a um Espírito desencarnado se comunicar com os homens e que Dr. Bezerra de Menezes é um guia espiritual que foi médico na Terra, apelidado "o médico dos pobres", e continua sendo apóstolo do bem na vida espiritual.

As crianças também sabem o que é reencarnação, que a morte não existe porque nossa verdadeira vida reside no Espírito e o Espírito não morre, é imortal; que nenhum de nós irá para o inferno quando morrer, porque o inferno não existe; que todas as criaturas se salvam porque Deus é misericordioso e jamais condenaria seus filhos aos eternos sofrimentos do inferno pelas faltas cometidas.

A menina Luciana sabia de tudo isso. Seus pais eram espíritas e ela estava sendo educada nos princípios da Doutrina dos Espíritos. Naquela noite, no decorrer da conversa que entretinha com sua mãe, Luciana lhe perguntou de repente:

— Mamãe, uma criança também pode ser médium?

Mamãe ficou surpreendida com a pergunta. Mas, como era espírita estudiosa, pôde responder à sua filha e então disse o seguinte, ensinando um importante ponto da Doutrina Espírita à menina, que era muito inteligente e curiosa:

— As crianças não são propriamente médiuns, minha filha, porque só a uma pessoa que já desenvolveu a sua faculdade mediúnica pode dar-se o nome de médium. Elas podem ser, porém, influenciáveis pelos Espíritos desencarnados, como todos nós o somos, isto é, possuem o gérmen da mediunidade.

— Mas, mamãe, por que as crianças não podem também desenvolver a sua mediunidade?

— Não, minha filha, não convém a uma criança desenvolver a sua faculdade mediúnica. O fato de ser médium desenvolvido acarreta uma responsabilidade muito grande, e uma criança não pode ter o amadurecimento moral e físico necessário para arcar com esse compromisso. Muitas vezes, se uma criança demonstra possuir faculdade mediúnica muito acentuada, que possa perturbá-la, deve-se submetê-la a um tratamento de passes através de um médium bem assistido pelos bons Espíritos. Então as ameaças prejudiciais são contidas até que advenham os 18 ou 20 anos de idade para que a faculdade se possa externar normalmente, sem ser provocada.

"Existem casos, no entanto, em que os próprios Espíritos protetores se servem de uma criança, muito suavemente, para a realização de certos casos, principalmente se for necessário salvar alguém de um perigo iminente ou revelar algum fato espiritual muito importante.

"A mediunidade é uma força poderosa, a qual, para se revelar, principalmente pelo fenômeno de incorporação, necessita servir-se de certos órgãos do corpo físico do médium. Esses órgãos, ou aparelhamento, são as glândulas cerebrais, o sistema nervoso e o fluido vital.[5] Uma criança que desenvolvesse a sua mediunidade não aguentaria os choques vibratórios que o fato acarreta, poderia ficar obsediada e até desencarnar. O que convém fazer com as crianças é prepará-las para, futuramente, ser um médium dedicado e ciente dos próprios deveres, honesto e fiel aos ensinamentos da Doutrina Espírita e do Evangelho de Jesus Cristo."

— Mas como se fará esse preparo, mamãe?

— Ensinando a criança a orar desde cedo, fazendo-a participar das reuniões do culto do Evangelho no lar e dos serviços da caridade, dando-lhe instrução evangélica e espírita, guiando-a na prática do bem e da fraternidade, ajudando-a a crer em Deus com inteligência e lógica, com humildade de coração e muito respeito.

9.2 O PASSEIO

A conversação continuou ainda por algum tempo, e, finalmente, Luciana perguntou à sua paciente mãezinha:

---

[5] Ver Gabriel Delanne – *O espiritismo perante a ciência*.

— Minha mãe, a senhora pode dar um exemplo de como um Espírito pode servir-se das faculdades mediúnicas de uma criança?

E mamãe respondeu:

— Sim, minha querida, contarei uma história que realmente se passou, uma realidade e não ficção.

— Estarei ouvindo, minha mãe. Conte-a.

E mamãe contou:

— Era uma vez um menino de 8 anos de idade, chamado Paulo, aquele... que amava os galos...

Ele possuía vários irmãos e irmãs, todos o amavam muito e eram muito bons para ele. Os pais igualmente eram muito bons e todos viviam honestamente, faziam ao próximo o bem que podiam e eram crentes sinceros no Evangelho e na Doutrina Espírita.

O menino Paulinho possuía forças mediúnicas muito positivas. De quando em vez, era influenciado por Espíritos que não eram bons nem maus.

A tais Espíritos dá-se o nome de "medíocres", "frívolos" ou "galhofeiros". Eles gostam de crianças levadas, distraem-se com elas, agem sobre elas e as tornam mais peraltas ainda. Mas não o fazem por mal. Eles até gostam das crianças. O que querem é se divertir e assistir às peraltices das crianças influenciadas por eles próprios. Mas esse procedimento por parte dos Espíritos, se continuado, prejudica as crianças. O sistema nervoso delas torna-se irritado, elas perdem o sono e têm pesadelos, se conseguem dormir. Acordam chorando ou gritando, deixam de se alimentar devidamente, ficam muito agitadas e podem até adoecer. Em tal acontecendo, será bom medicá-las à base da homeopatia e levá-las a um Centro Espírita a fim de receberem passes, pedir por elas nas reuniões de estudo e ensiná-las a orar.

Com o Paulinho, acontecia isso muito frequentemente, pois era um menino peralta e por isso agradava e atraía muito os Espíritos brincalhões. Era, porém, em contrapartida, simpático e generoso e por essa razão possuía amigos espirituais bons também. Espíritos familiares que igualmente poderiam agir sobre ele quando necessário.

Um dia, o seu irmão mais velho, um jovem chamado Sebastião, resolveu dar um passeio. Queria visitar um amigo por nome Prudente, o qual era fazendeiro e morava quase duas léguas distante da cidade.

Sebastião convidou as duas irmãs e estas, por sua vez, convidaram duas amigas para irem todos juntos.

Paulinho quis ir também.

A princípio não queriam que ele fosse. Era longe a fazenda, e ele era muito pequeno para caminhar duas léguas. Mas Paulinho chorou, pediu, rogou que o deixassem ir e então os pais se comoveram e o deixaram ir com os irmãos.

A caminhada foi muito divertida.

Foram pela estrada real, que era boa e não oferecia perigos. Encontraram pelo caminho muitos bichinhos interessantes, tais como patos do mato, quatis, preás, etc. Também muitos pássaros canoros eles encontraram e ouviram as suas melodias, pois passaram por bosques muitos agradáveis, onde árvores frondosas elevavam suas folhadas, embelezando a paisagem. E encontraram ainda casebres de sapé e de madeira, crianças brincando com cachorros e gatos; encontraram cavalos, bois, galinhas, perus, pois são esses os habitantes do campo, da "roça", como se diz vulgarmente. Foi uma alegria, e os nossos viajantes riam muito, satisfeitos.

Finalmente chegaram à fazenda do senhor Prudente.

Durante todo o resto do dia, foi uma movimentação constante. Conversaram, cantaram ao violão e ao bandolim, acompanhados pelos moços da casa; recitaram, dançaram alegres e fraternos. Paulo delirava de felicidade. Visitaram o estábulo, onde os bezerros descansavam, as pocilgas, onde os porcos engordavam; visitaram até os pastos, onde uma sadia boiada ia e vinha, escolhendo o melhor capim, ou descansava à sombra das árvores, ruminando, sonolenta. E também se deliciaram com as frutas do pomar, com as canas, com seu caldo sempre apreciado, etc... etc...

Tão entretidos ficaram que esqueceram as horas e tinham de caminhar duas léguas até chegarem a casa. Eram, pois, cinco e meia da tarde quando se despediram dos donos da casa, agradecidos pelas gentilezas recebidas.

9.3 A VOLTA

Inquieto, o senhor Prudente advertiu, ao despedir-se:

— Vocês, agora, não devem ir pela estrada real. São quase duas léguas, é quase noite e vocês estão cansados. À noite, a estrada real é perigosa... devem ir pelo nosso atalho. E aqui, pelo nosso morro, chega-se à cidade rapidamente. Subam o morro por um caminho de pé. Quando chegarem ao alto, há um valinho. Atravessem o valinho e dobrem à direita, por um caminho de cavalo. Depois encontrarão um valão. Atravessem-no e tomem à esquerda, por um caminho de pé. Sigam por ele. Mais adiante há uma encruzilhada. Peguem à direita. Chegarão a uma ladeira. É só descer, caminhar uns dez minutos mais e encontrarão a cidade.

Repetiram o esquema três vezes. Mas a pressa não deixou que escrevessem para não ser esquecido... O grupo começou então a subir o morro e desapareceu numa curva, encoberta por uma capoeira.

O senhor Prudente disse aos filhos:

— Vocês deviam tê-los acompanhados. Eles não conhecem o caminho e são capazes de se perderem no trajeto... e o pior é que esse morro é infestado de cobras cascavéis.

O grupo, porém, caminhou normalmente durante os primeiros dez minutos. Mas depois esqueceu as recomendações do senhor Prudente e perdeu-se pelo morro. Anoiteceu e os moços vagavam por um caminho e outro, pois havia ali uma profusão de caminhos de pé e caminhos de cavalos, de valões e valinhos, que os perturbaram completamente. Não estando habituados ao linguajar da roça, não o retiveram na memória e agora iam e vinham sem poderem encontrar a ladeira que os conduziria à cidade.

Mas caíra a noite completamente. Felizmente, havia luar e eles podiam enxergar o caminho, por onde palmilhavam. Era o mês de maio. Do alto do morro onde se encontravam, viam a cidade iluminada e a igreja matriz com suas luzes acesas para as cerimônias do culto, enquanto os sinos badalavam, festivamente.

A aflição começou a invadir o coração do jovem Sebastião e seus acompanhantes. O chocalho da cauda das cobras cascavéis ininterruptamente tocava a sua sinistra advertência, lembrando-os de que estavam aguçadas e de bote armado. De um lado a outro dos caminhos que pisavam, era essa a orquestração que os acompanhava...

De certa feita, pelo caminho de pé que seguiam, depararam com pavorosa e enorme cratera, cuja visão os perturbou. Não fora a abençoada luz da Lua, que iluminou o perigo, e teriam ali se despenhado. Era um desses abismos naturais, infestados de pedras, de répteis, de mil detritos perigosos, certamente cavados pelas chuvas ou sabe Deus por quem, onde se jogam animais mortos para que os urubus os devorem.

Voltaram. As cobras continuavam com os chocalhos barulhentos, no aviso de que estariam dispostas a tudo. Dir-se-ia que toda a população de cobras daquela região estava a postos, alarmada com a invasão daqueles intrusos.

Caminhavam em silêncio. Mas, de repente, Sebastião exclamou com voz emocionada:

— Vamos orar a Maria Santíssima, ela nos socorrerá...

Oraram mentalmente, Paulo inclusive, e continuaram caminhando ao som do chocalho das cascavéis. Subitamente, o menino Paulo passou à frente do grupo e exclamou, a voz alterada e alta:

— Venham atrás de mim... Eu conheço este caminho...

Sem pronunciarem sequer um monossílabo, seguiram o menino, como que dominados por uma confiança invulgar. Sentiram que estavam sob a proteção de amigo invisível, que viera em socorro deles alertado pela prece de invocação a Maria. Esse amigo, um dos muitos guias espirituais protetores dos homens, serviu-se, certamente, do menino Paulo, que possuía o gérmen da mediunidade e era influenciável. Se não se serviu de nenhum daqueles adultos era, decerto, porque tinha mais afinidades com o menino, talvez até mesmo fosse um dos seus amigos espirituais que, socorrendo-o, socorria a todos os outros. O certo foi que Paulinho caminhava firmemente por um daqueles numerosos trilhos que ali existiam, os caminhos de pé, que se multiplicavam à frente do grupo de forma perturbadora. Virava à direita, à esquerda, transpunha valinhos e valões, enquanto os companheiros o seguiam, confiantes, em silêncio. Dir-se-ia que alguém o tomara pela mão e o conduzia através da montanha imensa.

Subitamente, encontraram-se à beira de uma ribanceira. Ao fundo, avistaram o leito da via férrea. Havia um declive íngreme na ribanceira, composto de terra solta. Paulo sentou-se no alto do declive e ordenou:

— Façam isto...

E arrastou-se, sentado, pelo declive abaixo...

Amedrontadas, as jovens imitaram a criança salvadora, o próprio irmão fez o mesmo, porquanto descer de outra forma seria impossível.

Atravessaram os trilhos da linha férrea que dividia o morro. Subiram ainda um pouco e atravessaram cerca de trezentos metros de vegetação cerrada. Paulo tornou a dizer com voz firme:

— Venham... Eu conheço este caminho. Estamos chegando à cidade.

Apareceu em seguida um riacho. Sobre ele, uma ponte tosca. Atravessaram a ponte e em menos de um quarto de hora estavam no centro da cidade.

Eram nove horas da noite.

Após serenarem das emoções, Sebastião perguntou ao irmãozinho, que muito tranquilamente saboreava o prato de canja que a mamãe lhe apresentara, após um reconfortante banho:

— Paulo, meu bem, como foi que você pôde acertar com o caminho naquele morro imenso? Você conhecia mesmo aquele lugar?...

— Ah! É mesmo! Eu não conheço o caminho, não, mas naquela hora parecia que eu o conhecia... Creio que alguém me levava pela mão... Eu sentia uma pessoa caminhar junto de mim, segurando a minha mão, mas não eram vocês...

E, naquela noite, Maria Santíssima foi homenageada com várias preces de agradecimento...

Moral da história

Devemos orar e vigiar a fim de não cairmos em tentação.

Ao tencionarmos fazer ou realizar alguma coisa, devemos meditar antes, ponderar cautelosamente, a fim de não nos arriscarmos a sofrer o fruto amargo das nossas próprias inconsequências. Precisamos ajudar a nós próprios, evitando trabalhos e preocupações aos nossos guias espirituais, que, vendo-nos em perigo, terão de romper dificuldades incalculáveis para nos socorrer, evitando consequências desastrosas para nós.

Muitas pessoas sofrem desastres, circunstâncias penosas, decepções, etc., não porque tais agravos estivessem inscritos nas peripécias do seu destino, mas devido à própria imprevidência e à displicência dos próprios atos.

No caso presente, Sebastião e o seu grupo de acompanhantes deviam ter regressado mais cedo da fazenda que visitaram. Deviam ter prestado mais atenção nas informações sobre o caminho a palmilhar ou pedido aos amigos visitados que os acompanhassem ao trilho certo.

Devido à invigilância deles, um Espírito familiar, alertado pelas vibrações de Maria de Nazaré, que fora solicitada em prece, houve de se afastar por instantes das suas atividades especiais, no mundo espiritual, para socorrer um grupo de jovens em perigo de vida, os quais impensadamente se arrojaram a uma aventura temerária. Por sua vez, os jovens, orando, puderam penetrar vibrações harmoniosas do Alto. Foram, portanto, ouvidos, vistos e atendidos. Mas seria necessário um intermediário afim com o amigo espiritual. Esse intermediário foi Paulo, a criança ainda isenta de vibrações mentais viciadas, que poderia ter sido vítima da displicência dos próprios irmãos.

A prece justa e sincera é sempre proteção para aquele que a exerce, pois eleva o padrão das vibrações de quem ora, pondo-o em contato com as esferas do bem.

Vigiai e orai, para que não entreis em tentação. (MATEUS, 26:41; MARCOS, 14:32 a 42; LUCAS, 22:40 a 46.)

Vocabulário

Cascavel – Guiso, bagatela. Cobra venenosíssima do Brasil, que possui na cauda um chocalho, ou cascavel, o mesmo que boicinanga ou maracá. Nome específico: *Crotalus terrificus*. Quando pressente algo incomodativo, agita o chocalho, como que avisando da sua presença. Vive em climas secos, preferindo lugares altos. Seu veneno é mortífero.

Canoro – Que canta harmoniosamente, melodioso, suave.

Capoeira – Mato que foi cortado ou destruído; mato fino, que cresceu em lugar do virgem; ave da família dos Odontoforídeos. Nome dado a vários tipos de matos e jogos atléticos no interior do Brasil, etc. (Ver *Pequeno dicionário brasileiro da língua portuguesa*, de Hildebrando de Lima e Gustavo Barroso).

Esferas – Em linguagem espírita, diz-se de regiões indefinidas do Além-túmulo, para onde gravitam os Espíritos desencarnados.

Fluido Vital – Essência da natureza, ou fluido da vida, indefinível, que envolve os corpos vivos, desde o homem e os animais até os vegetais e os minerais. O fluido vital é de grande importância na economia orgânica do homem (saúde).

Glândulas cerebrais – As glândulas do cérebro, que participam da vida e do mecanismo do corpo humano. Poderosos instrumentos de transmissão mediúnica, espécie de telégrafo capaz de captar e externar o pensamento dos Espíritos desencarnados para o homem, quando sadias, adultas e normais. Não sendo assim, deixam de preencher as qualidades para a transmissão mediúnica.

Obsidiado – Pessoa que sofre perseguição, ou possessão, de um agente estranho. Em linguagem espírita, diz-se de pessoa atormentada pela influência ou possessão de um Espírito desencarnado de inferior categoria.

Reencarnação – O renascimento de um Espírito em novo corpo humano. Nascer outra vez, em novo corpo, para viver novamente a vida material.

10

Um drama

Abordaremos aqui os temas: Os pais; Os filhos; e A ingratidão suprema.

10.1 Os pais

Numa bela cidade do estado do Rio de Janeiro, existia uma mulher chamada Teresa. Esta senhora casara-se aos 20 anos de idade com um operário, um carpinteiro cujo nome era Arlindo, e durante todo o tempo em que foi casada ela se considerou feliz e tranquila. O marido era bom, tratava-a com afeto e brandura, ganhava o necessário para a manutenção da família e ela ajudava-o, ora lavando roupas para fora, ora costurando ou fazendo doces para vender. Assim procedendo, ganhava também um bom dinheirinho e diminuía as dificuldades financeiras que pudessem aparecer no lar.

Dona Teresa tinha cinco filhos, dois rapazes e três meninas. Esforçava-se por educar e instruir os filhos o melhor possível, a fim de que eles pudessem ter, depois de adultos, um meio de vida mais suave e próspero do que ela e o marido tinham, ao mesmo tempo em que lhes dava bons exemplos de honestidade e de amor à família. Para que os filhos pudessem estudar, possuir boas roupas e ter conforto no lar, ela e o marido trabalhavam sem cessar, trajavam-se pobremente e nunca se divertiam, vivendo sempre curvados sobre o trabalho pesado, pois até plantações faziam no quintal da casa a fim de possuírem hortaliças com fartura para bem alimentarem os filhos e também para venderem e assim apurarem algum dinheiro para auxiliar nas despesas. Mas dona Teresa sentia-se feliz e, apesar do quanto trabalhava, nunca se queixava de fadiga ou de tristeza. O amor do marido e dos filhos era suficiente para alimentar em seu coração aquela força moral que a equilibrava, pois, além de tudo, ela possuía uma fé ardente na Bondade e na Misericórdia de Deus.

Quando a filha mais velha contava já os 17 anos de idade, porém, o marido de dona Teresa morreu. Então a vida para ela transformou-se, tudo mudou, e um calvário de sofrimentos apresentou-se em sua existência. Por mais que a pobre senhora trabalhasse e se esforçasse, não chegava a reunir importância idêntica à que reunia no tempo do marido. Não era possível a uma mulher sozinha, lavando roupas para fora e vendendo doces, ganhar o mesmo que o marido ganhava com seu precioso ofício profissional. Começaram então as dificuldades em casa. Os filhos, porém, não queriam reconhecer a qualidade da situação e exigiam o mesmo tratamento de antes. Sendo impossível satisfazê-los, eles se revoltaram, exprobravam à mãe as necessidades que agora sofriam, desrespeitavam-na com sarcasmo e exigências descabidas.

Os cinco filhos haviam sido, com efeito, mal educados. Tudo o que necessitassem e desejassem era logo atendido pelos dedicados pais, embora custasse a estes duros sacrifícios. Cresceram, portanto, desconhecendo dificuldades, com as vontades satisfeitas, e isso não é recomendável para a educação de uma criança, pois esta se torna egoísta e caprichosa. Os filhos de dona Teresa, assim habituados, agora se revoltavam, vendo que não mais poderiam manter a situação cômoda de estudantes supostamente abastados. Para cúmulo do desagrado desses incompreensíveis filhos, dona Teresa, agora, já não podendo pagar um carregador das roupas que lavava para fora, levava ela própria, à cabeça, as trouxas das freguesas. Vestia-se, ao demais, com as roupas usadas que estas lhe davam, roupas, às vezes, remendadas, e, não podendo comprar sequer chinelos para calçar, vivia com os pés descalços, numa cidade onde fazia frio intenso e onde só os mendigos andavam descalços. Muitas vezes dona Teresa encontrava as filhas pelas ruas, nas ocasiões em que carregava trouxas de roupas à cabeça. Vinham das aulas em bandos álacres de colegas. Encontrando-a, sentiam vergonha daquela mãe que assim se trajava e trabalhava para que elas próprias pudessem estudar e se trajar decentemente, e viravam o rosto, fingindo que não a conheciam.

Dona Teresa sofria profundamente, mas não se revoltava, não se queixava, nada dizia aos filhos. Seu maior sofrimento era compreender que, apesar dos sacrifícios que fizera, os filhos nada reconheciam e ainda se tornavam orgulhosos e egoístas.

10.2 Os filhos

Três anos se passaram assim. Atingindo os 20 anos de idade, a filha mais velha casou-se e foi residir separadamente. Seguiram-se as duas mais novas, e igualmente passaram a residir em seus novos domicílios. Não convidaram a mãe para participar do novo lar. Abandonaram-na à vida de lutas que vinha experimentando. Não a visitavam, nem mesmo a convidavam a visitá-las. Sofrendo dificuldades para se colocarem na cidade em que viviam, os dois rapazes emigraram para os centros do país e nunca mais deram notícias. Dir-se-ia que os filhos de dona Teresa a odiavam por ela ser pobre e não poder fazer deles homens e mulheres formados com o grau de doutores. Dir-se-ia que a odiavam por vê-la laboriosa e honesta, humildemente vivendo para servi-los segundo as suas posses.

Reconhecendo-se só, dona Teresa procurou empregar-se como doméstica. Cozinhava, lavava, passava roupas a ferro, sem descanso, mas, ao menos assim, tinha uma cama para dormir e as refeições diárias. Não poderia era se fatigar em demasia nem adoecer. Se se cansasse muito, não teria como viver, e, se adoecesse, o que seria dela?

De longe em longe via as filhas. Viviam bem com os maridos, tinham filhos como as demais mulheres. Mas não era convidada a viver com elas no aconchego do lar.

Os filhos de dona Teresa eram egoístas e maus.

E os anos se passaram...

Quando a pobre senhora atingiu os 70 anos de idade, ninguém mais confiou nos seus serviços para dar-lhe responsabilidades. Estava fraquinha, cansada, doente, profundamente alquebrada de forças morais e muito triste. Faltaram-lhe então empregos e ela teve que recorrer à caridade das filhas. Foi aceita na casa da mais velha, pois as duas mais novas haviam se transferido para a capital. A filha queixava-se de que a família era grande mesmo e precisava de uma pessoa que a auxiliasse nos serviços caseiros. Dona Teresa tornou-se, portanto, arrumadeira e copeira da casa da filha. Como, porém, não havia um quarto desocupado nem uma cama, puseram-na para dormir no corredor, sobre um colchão, no soalho. O colchão era guardado debaixo de um telheiro, no quintal, onde existia o tanque para lavar roupa. À noite, depois que se deitavam, dona Teresa em pessoa trazia o colchão nos braços, fazia o seu humilde leito, orava agradecendo a Deus os favores recebidos durante o dia e dormia em paz. Pela manhã, levantava-se, depois de agradecer os favores recebidos do Céu pela sua alma, durante a noite, enrolava o colchão, dobrava as cobertas, guardava-os debaixo do telheiro e ia para a cozinha fazer o café, preparar a mesa e iniciar os arranjos da casa.

As netas, já mocinhas, mal falavam com ela, mas, se falavam, o faziam desatenciosa e asperamente. Eram jovens, e a velhice, no seu entender, era fato desagradável que a nenhuma interessava observar para aprender as lições da vida. Não consideravam, portanto, a avó humilde e pobre, não lhe davam atenção, não lhe dirigiam a palavra, não lhe ofereciam um biscoito, um doce, uma fruta, ao passo que o cãozinho estimado da casa recebia tudo isso e também beijos e meiguices.

Um dia, uma das netas entregou-lhe um dos seus vestidos, dizendo:

— Lava e passa este vestido, avó, preciso dele para amanhã.

Dona Teresa obedeceu, satisfeita com a oportunidade de prestar um serviço à neta. Saiu-se tão bem da tarefa que a ordem foi repetida para outro vestido. Vieram as outras netas e lhe requereram os préstimos, ou ordenaram, que fizesse o mesmo com todas as suas roupas. A filha, por sua vez, gostou de saber que a mãe ainda lavava e passava roupas tão bem e deu-lhe as camisas do marido para cuidar. Finalmente, dona Teresa, aos 70 anos de idade, tornou-se copeira, lavadeira e passadeira de roupas da casa da própria filha. Era apenas uma criada gratuita. Era uma escrava que ali se encontrava por ação caridosa, pois nada recebia, nem mesmo o respeito devido aos seus cabelos brancos.

Quatro anos se passaram assim.

A infeliz mãe definhava, exausta do trabalho, porém ainda mais exausta da desconsideração que sofria.

10.3 A INGRATIDÃO SUPREMA

Por essa ocasião, já a filha de dona Teresa estava viúva. As demais haviam se transferido para a capital desde muito. As coisas estavam cada vez mais difíceis. A vida encarecia de dia para dia. Havia dificuldades de colocação para as moças na pequena cidade, um horror!

A filha, portanto, deliberou mudar-se para a capital com os filhos, aconselhada pela irmã que lá morava. Mudou-se então de um dia para outro, por assim dizer, mas não levou a mãe. Disse-lhe então:

— Não posso levá-la agora. A senhora ficará na casa de algum conhecido. Eu e as meninas ficaremos na casa de Marta até que possamos nos colocar e arranjar casa. Nessa ocasião, a senhora irá também. Na casa de Marta não há lugar para mais ninguém.

A pobre mãe chorou, sentida, com a alma ferida no mais íntimo do ser. Então ela, a mãe, com 74 anos de idade, não poderia acompanhar as filhas? Não haveria um lugar, ao menos na cozinha, para ela, que era a mãe?

Mas não havia outro remédio. Não a quiseram levar mesmo. Dona Teresa não foi. Ficou, por favor, na casa de uma antiga vizinha e dormia numa esteira, na cozinha.

A friagem do chão valeu-lhe um resfriado forte e uma tosse impertinente sobreveio, incomodando-a e incomodando os donos da casa. Não chegaram notícias das filhas nem das netas. A ansiedade crescia no coração de dona Teresa, pois ela se via inteiramente sem recursos, vivendo graças à caridade alheia, a expensas de estranhos. Passou-se um ano sem que nenhuma notícia chegasse. Não se sabia onde moravam suas filhas. E finalmente dona Teresa compreendeu que fora propositadamente abandonada.

Então, a vizinha, em cuja casa ela se abrigava, disse-lhe:

— Dona Teresa, tenho muita pena da senhora. Mas eu também sou pobre, a vida está difícil e eu amparei-a durante um ano. Agora lhe peço que procure outra amiga a fim de ajudá-la. Não posso mais tê-la assim em minha casa...

A pobre mulher foi compreensiva: a vizinha tinha razão, era isso mesmo. Vagou pela cidade um dia todo, procurando os conhecidos, expondo a própria situação, pedindo abrigo e caridade. Todos tinham muita pena dela, davam-lhe algumas moedas, davam-lhe roupas usadas, davam-lhe sobras de pão. Mas não a asilaram em casa. Não podiam recebê-la. Quem gosta de ter velhos em sua casa? Às vezes, nem mesmo a parentela os quer! A velhice é tão desagradável aos moços! Eles nem ao menos pensam que um dia também serão velhos e os moços vindouros os acharão desagradáveis!

Aconselharam-na a procurar um asilo para velhice abandonada e internar-se nele. Ela procurou e encontrou. Mas não havia vagas, os candidatos eram numerosos, na cidade havia muitos velhos abandonados...

Sem lar, sem recursos, dona Teresa passou a dormir na rua, pelas soleiras das portas, e pedia esmolas para não morrer de fome. Raramente trocava de roupa, raramente tomava banhos e se asseava. Não havia mais condições para isso. Apanhava frio, chuva, sol. Ninguém lhe prestava atenção, nem mesmo aqueles que lhe atiravam moedas. Era um ser anônimo neste mundo. Seu estado de saúde agravou-se. E um dia amanheceu morta na calçada de uma rua. Contava 77 anos de idade.

Moral da história

O drama que acabamos de descrever, meu jovem leitor, é o mesmo que se vê diariamente nas cidades populosas, vivido no interior doméstico das famílias pobres ou nas calçadas das ruas. Dona Teresa é um símbolo, conquanto o seu drama não seja uma ficção, visto que ela existiu, realmente, numa bela cidade do Estado do Rio de Janeiro. No coração de cada velho que encontras em teu caminho, existe um rosário de sofrimentos insolúveis. Muitos deles resgatam, com justiça, grandes faltas de um passado reencarnatório. Mas há também aqueles que, para progredirem mais rapidamente, escolheram uma existência de sacrifícios tão significativa que valeria por duas ou mais existências. Nunca penses que um velho abandonado o é por ter sido mau ou displicente no decorrer da mocidade, porque frequentemente eles são vítimas do desamor, da ingratidão, da rudeza do coração dos próprios filhos, da parentela infiel aos princípios de fraternidade e amor ao próximo. Jamais os trate com desprezo e desatenção. Possuis uma Doutrina celeste que te ensina a respeitá-los e consolá-los dos sofrimentos que muitas vezes lhes torturam o coração, a venerar os seus cabelos brancos. Lembra-te de que essa Doutrina diz que alguns desses, que encontras diariamente em teus caminhos, podem ter sido um pai que, em outra vida, sofreu para que crescesses saudável e feliz; uma mãe que te embalou nos braços e chorou por ti; um irmão que partilhou contigo a doçura do lar paterno. Deverás antes socorrê-los, se não abrindo as portas do teu lar a fim de agasalhá--los, ao menos te associando a outros corações piedosos para a criação de abrigos e lares dirigidos pela fraternidade cristã. Se assim fizeres, muitos deles sentirão os corações reconfortados e morrerão na paz de Deus, em vez de dormirem nas soleiras das portas e morrerem na rua, como a heroína da nossa narrativa, enquanto que a tua consciência estará tranquila diante de Deus, nosso Pai e Criador.

Seja constante o amor fraternal. Não negligencieis a hospitalidade, pois alguns, praticando-a, sem o saber acolheram anjos. (HEBREUS, 13:1 e 2)

Rimas do Natal[6]

Natal! — enquanto enfarpelas
Teu salão aurifulgente,
Desfilam, junto às janelas,
As dores de muita gente.

Natal! Um pobre foi visto,
Passando sob pedradas.
Soube, depois, que era o Cristo
Batendo às portas fechadas.

Natal! Quem foge ao preceito
De repartir o seu pão
Carrega um calhau no peito,
Em forma de coração.

O Natal em toda idade
É sempre nova alegria,
Mas nos dons da caridade,
O Natal é todo dia.

Natal! Festeja esquecendo
Quaisquer preconceitos vãos...
Natal é Jesus dizendo
Que todos somos irmãos.

---

[6] XAVIER, Francisco Cândido. Pelo Espírito Leôncio Correia. *Antologia mediúnica do Natal*.

11

A INTELIGÊNCIA DOS ANIMAIS

Por fim, veremos o que tratam os títulos Luisinha e sua mãe; Observações dos sábios; e Observações pessoais.

11.1 Luisinha e sua mãe

Alguns dias depois da primeira conversação com sua mãe, Luisinha voltou a interpelá-la sobre os animais.

— Mamãe — começou ela —, a senhora prometeu-me dizer alguma coisa sobre a inteligência dos animais. Que mais tem a dizer-me a tal respeito?

— Sim, minha filha, direi alguma coisa sobre esse atraente assunto. Mas o que tenho a dizer não é propriamente meu, produto do meu raciocínio, e sim de estudos profundos e observações acuradas de sábios naturalistas que passaram grande parte de suas vidas pesquisando a vida dos animais, sua inteligência e até seu raciocínio, pois muitos destes agem de forma que chegam a provar que também pensam e raciocinam e sabem o que fazem, o que querem e o que não querem, conhecem o perigo, desviam-se dele, etc.

"Conforme eu disse há dias, alguns animais certamente raciocinam, pois tudo indica isso. Sua inteligência e seu raciocínio, porém, não se comparam aos nossos, pois eles jamais poderão ler ou escrever um livro, executar uma peça musical ou confeccionar um objeto de arte. A sua é apenas uma inteligência em formação, um raciocínio iniciante, capazes de se fazerem compreender por nós, humanos, e de nos compreenderem também.

"Os sábios naturalistas que viajam pelas selvas do Brasil, da África, na Índia, por toda parte, e conhecem a vida de certos selvagens chegaram à conclusão de que muitos tipos de macacos e alguns outros animais possuem maior senso de higiene, por exemplo, do que o têm aqueles selvagens. E um ilustre cientista francês, o doutor Gabriel Delanne, que muito estudou e observou a evolução dos animais até o homem, em seu livro *A evolução anímica*, relata casos tão belos passados com animais, que me utilizarei das suas citações para ilustrar a nossa conversação deste momento..."

Luisinha fez um gesto de aprovação, endireitou-se na cadeira em que se sentava e esperou a sempre interessante palavra materna.

11.2 Observações dos sábios

Mamãe continuou e disse:

— Minha filha, preste bastante atenção no que vou dizer, pois o assunto de que tratamos é muito nobre, tão nobre que até eleva em nossos corações o respeito e a admiração pelo nosso Criador supremo e suas Leis.

"No segundo capítulo do livro *A evolução anímica*, do ilustre espírita Gabriel Delanne, há as seguintes instruções, sendo algumas o fruto das observações dele próprio, e outras transcritas de compêndios escritos por outros sábios naturalistas de renome mundial, e por ele citados:

> Certa feita, um afegão, através da sua janela, lobriga de madrugada uma raposa a conduzir o ganso apresado. Chegando ao muro, alto, de 1,20 m, a raposa tentou de um salto transpô-lo, sem largar a presa. Não o conseguiu, porém, e veio ao chão, para insistir ainda em três tentativas inúteis. Depois, ei-la sentada, a fitar e como que a medir o muro. Tomou, então, o partido de segurar o ganso pela cabeça e, levantando-se de encontro ao muro com as patas dianteiras, tão alto quanto possível, enfiou o bico do ganso numa frincha do muro. Saltando após o cimo deste, esboçou-se jeitosamente até tomar a presa e atirá-la para o outro lado, não lhe restando, então, mais que saltar por sua vez, seguindo o seu caminho. (Romanes Apud Delanne. 1938.)

— Conforme você percebe, Luisinha — continuou mamãe — a raposa raciocinou com uma habilidade digna de um ser humano, refletiu, pensou e executou aquilo que desejava. Não é maravilhoso?

"Mas vejamos outros casos:

> Um urso do jardim zoológico de Viena, querendo colher um pedaço de pão que flutuava fora da jaula, teve a ideia engenhosa de revolver a água com a pata e formar uma corrente artificial. E assim o pedaço de pão pôde chegar até ele e ser apanhado.

> Um elefante esforçava-se, debalde, para captar uma moeda junto da muralha, quando, de súbito, pôs-se a soprar e com isso fez deslocar-se e levantar e rolar a moeda até o ponto em que ele se encontrava, conseguindo-o admiravelmente. (Artur Viana de Lima. *L'Homme selon Le Transformisme*, p. 133.)

"Erasmus Darwin — cita o sábio Gabriel Delanne — atesta-nos estes dois fatos:

Certa vespa dispunha-se a transportar a carcaça da mosca quando notou que as asas ainda presas à mesma carcaça lhe dificultavam o voo. Que fez então a nossa vespa? Pousou, cortou as asas da mosca e librou-se mais facilmente com o despojo."

Luisinha riu-se muito e exclamou:

— Que coisa prodigiosa! Uma vespa pensando! Quem é esse senhor Erasmus Darwin, minha mãe? Como ele pôde ter paciência para observar as façanhas de uma vespa?

— Erasmus Darwin foi um médico e poeta inglês, do século XVIII, minha filha, avô do célebre naturalista Charles Robert Darwin, também inglês, o qual muito estudou os animais e presenteou o mundo com a teoria da evolução, ou transformismo, exatamente o que a Doutrina Espírita também defende. (Ver *O livro dos espíritos*, cap. 11, q. 592 e seguintes; *A gênese,* cap. 10, it. 28, 29 e 30, de Allan Kardec. *A evolução anímica* e *Reencarnação*, de Gabriel Delanne).

"Vejamos, porém, mais um fato atestado por Erasmus Darwin.

> Um canguru perseguido pelo cão lançou-se ao mar e aí, sempre acossado de perto, avançou pela água até que só a cabeça emergisse. Isso feito, aguardou o inimigo que nadava ao seu encontro, agarrou-o, mergulhou-o e tê-lo-ia infalivelmente afogado se o dono não acudisse a socorrê-lo.

"Cita ainda o senhor Gabriel Delanne um interessante trecho do livro *Anatomia do sistema nervoso,* do naturalista Gratiolet. Refere-se esse trecho à inteligência de um macaco:

> Eu estava assentado com a família — diz Torrebianca — enquanto os criados assavam na cinza as castanhas. Um macaco de grande estimação por suas diabruras lá estava a cobiçá-las, impaciente, e não vendo

como pescá-las sem queimar-se, ei-lo que se atira a um gato sonolento, comprime-o vigorosamente sobre o peito e, agarrando-lhe uma das patas, dela se serve, à guisa de bastão, para tirar as castanhas do borralho comburente. Aos gritos desesperados do bichano, todos acorreram, enquanto algoz e vítima debandam, um com o seu furto, outro com a pata queimada."

Luisinha riu-se novamente com a astúcia do macaco e, já familiarizada com as análises de mamãe sobre os animais, comentou:

— Sim, mamãe, um raciocínio perfeito, o do macaco! Ele sabia que cometia um erro, pois fugiu. Sabia que as cinzas da lareira estavam acesas, sabia que elas queimavam, por isso não se atreveu a enfrentá-las e utilizou o gato a fim de retirar as castanhas.

Mamãe sorriu, satisfeita por ver o interesse da filha por um assunto tão nobre, e prosseguiu:

— O senhor Delanne diz ainda que os animais também têm amor próprio...

— Amor próprio? ... Como assim, mamãe? Explique-me as observações do senhor Delanne sobre isso, por favor...

— O melhor é eu ler um pequeno trecho do livro que venho citando, para você poder analisar a beleza existente nele.

Luisinha concordou. Mamãe procurou na estante o livro *A evolução anímica*, de Gabriel Delanne, escolheu o segundo capítulo e leu este pequeno trecho:

> Os cães não roubam o alimento de seu dono; além disso, quando são aplaudidos, demonstram satisfação. Sanson diz estar provado por fatos inúmeros que o cavalo de corrida é suscetível de emulação e

experimenta o orgulho da vitória. Tal o caso de Forstar (um cavalo de corrida) que, depois de um tirocínio longo e sempre invicto, ao se ver uma vez na iminência de ser batido por Elefant (outro cavalo) já perto do poste de chegada, precipitou-se num salto desesperado e agarrou com os dentes o rival, no intuito de conjurar uma derrota jamais conhecida. E não foi sem muito esforço que conseguiram sequestrar-lhe a presa.

O elefante, o cão, o cavalo mostram-se assaz sensíveis ao elogio; e, assim como o antropoide, também temem o ridículo, enfadam-se quando se lhes fazem zombaria.

M. Romanes (um escritor) relata a propósito uma curiosa observação. Divertia-se o seu cão a caçar as moscas que pousavam na vidraça, e, como muitíssimas se escapassem, ele, Romanes, entrou a chacotear, esboçando um sorriso irônico a cada insucesso.

Foi quanto bastou para envergonhar o cão, que fingiu, de repente, ter apanhado uma mosca e esmagá-la de encontro ao solo. O dono, porém, não se deixou iludir e, verberando-lhe a impostura, viu que ele partia a ocultar-se sob os móveis, duplamente envergonhado.

Mamãe fechou o livro, dizendo:

— E muitas outras observações narradas pelos sábios naturalistas, e também outras, catalogadas por mim mesma, eu poderia apresentar, minha filha, se não temesse cansá-la com uma palestra tão prolongada.

— Não, não, mamãe, não me cansa! Ouvindo-a falar eu aprendo a amar e até a respeitar os animais, pois sinto-os muito mais perto de mim do que eu dos anjos. Fale-me, pois, das observações suas. Que descobriu sobre eles?

11.3 Observações pessoais

— Minha filha, — falou a mãe de Luisinha — eu tive uma infância triste e uma juventude sem alegrias nem ilusões. Desde muito cedo, pus-me a pensar nas coisas de Deus e a procurar cultivar o meu espírito sob sua inspiração, como bálsamo para as amarguras que me feriram. Pode-se mesmo dizer que, se não fora essa inclinação que desde a infância eu tive para as coisas nobres da vida e do espírito, não teria suportado a dor das provações que me assaltaram neste mundo. Ora, um dos bálsamos que encontrei para as tristezas da minha alma foi a convivência com os animais, o zelo que tive por eles, conseguindo tornar alguns deles meus amigos; as observações em torno do seu modo de viver e proceder; as descobertas que fiz do seu princípio inteligente e até dos sentimentos que certamente têm. Isso fez-me pensar muito e refletir sobre Deus e Suas Leis, aproximou-me mais do Criador e, coadjuvada ainda pelos ensinamentos da Doutrina Espírita e as descobertas da ciência dos homens, senti-me mais perto de Deus, compreendi-o melhor e melhor aprendi a amá-lo e a assimilar as Suas Leis.

"Quando meu pai faleceu, eu era muito jovem. Minha mãe ficou sem recursos e, até que reorganizássemos nossa vida, eu tive de morar em casa de uns parentes afastados que mal me suportavam e onde não me sentia amada nem considerada. Sofria muito ali e minha única distração e meu consolo único eram as orações que diariamente fazia e a companhia de alguns animais domésticos. Nessa casa, havia grande criação de galináceos, isto é, galinhas, patos, perus e também alguns cães, gatos e cabras.

"Frequentemente, à tarde, e principalmente aos domingos, quando todos saíam e eu ficava tomando conta da casa, eu me sentava numa pedra do grande terreno das galinhas e distraía-me, observando-as. Descobri, desse modo, que entre essa sociedade também existe orgulho, preconceito, medo, obediência, prudência, amor filial, já que o amor materno entre os animais é notório e muito decantado pelos homens.

Havia ali uma galinha altiva que nunca se misturava com as outras e até dormia isolada no galho de uma árvore existente no terreno em vez de dormir no galinheiro. Enquanto as companheiras viviam alegres e despreocupadas, formando uma sociedade definida, a orgulhosa jamais se dignava unir-se a elas. Ciscava e comia sozinha, jamais cacarejava alegremente, dormia isolada e tinha o seu ninho à parte, para a postura dos ovos. Se uma companheira ocupasse o seu ninho, ela abandonava-o e fazia outro. Isso seria, pois, um sentimento de superioridade, pretensão, orgulho, quem sabe?...

"Certo dia, porque houvesse duas galinhas recém-chegadas ao quintal, decidi colocar no ninho comum um ovo de madeira a fim de chamar a atenção delas para o local onde se deveriam recolher para deixar os ovos. Daí a pouco, efetivamente, elas se aproximaram e se puseram a olhar para o ninho, improvisado em um caixote, sem nele entrarem. Acariciaram o ovo com o bico, como procurando reconhecê-lo, viraram-no de um lado para outro, cada uma por sua vez, enquanto cacarejavam baixinho, de um modo lento, como se conversassem. Depois, muito espantadas, olharam uma para a outra, cacarejaram como se trocassem ideias e saíram à procura do galo. Encontrando-o, falaram-lhe qualquer coisa em lento diapasão, cacarejando baixinho. Em seguida, marcharam os três até o ninho. O galo olhou e reolhou muitas vezes o ovo de madeira, experimentou-o com o bico, como já o haviam feito as duas galinhas, virando-o de um lado para outro. Virou-se depois para elas, que se quedavam em expectativa, e cacarejou docemente, como se desse conselhos ou emitisse opinião. Elas responderam baixinho e se retiraram todos de junto do ninho.

"O galo, sempre amável e cortês, ciscou para elas, encontrou uma guloseima qualquer e ofereceu-a... e não mais se preocuparam com o ninho...

"Como vê, Luisinha, nessas cenas que presenciei, comovida, houve um raciocínio das personagens que a viveram, ação definida, premeditada, um exame por parte do indivíduo mais credenciado para opinar e deliberar ordens ou advertências dadas e obediência a um chefe, a um superior. Trata-se, pois, de uma sociedade naturalmente organizada.

"Por sua vez, em minha casa paterna, havia o hábito de chocar ovos de perua e de pata por galinhas. Estas são mães mais cuidadosas para a criação da prole do que as duas primeiras. Muitas vezes, observei uma perua já adulta, que fora criada por uma galinha, seguir a sua mãe adotiva por toda parte, choramingando, ou procurá-la, encontrá-la e deitar-se a seu lado como saudosa dos cuidados recebidos na infância.

"Nesse caso vemos memória, lembranças, amor filial tanto mais importantes porque partidos de uma ave de espécie diferente da outra ave.

"As galinhas que criavam patinhos, por sua vez, quando estes se atiravam ao riacho para nadar e se banharem, ficavam desesperadas nas margens, gritando cheias de susto, como se pedissem socorro, arrepiadas, seguindo os filhinhos adotivos pelas margens até que eles terminassem o recreio e ela, falando a sua linguagem, os reconduzisse amorosamente para locais menos assustadores.

"Era o amor materno, o zelo de uma boa mãe pelos filhos pequeninos, o terror pelo perigo que os via correr, pois ela, se ignorava que aqueles filhos eram nadadores por natureza, em compensação sabia que pintinhos de galinhas e os dela própria não deviam atirar-se à água.

"Muitas outras observações eu fazia por essa época de minha vida, querida filha, as quais seriam longas para enumerar. Nessa época melancólica, isto é, depois da desencarnação de meu pai, quando me foi necessário permanecer de favor em casa estranha, os dois cãezinhos da casa me faziam companhia. Vendo-me triste e sozinha e, às vezes, chorando, aproximavam-se de mim com resmungos meigos, lambiam as minhas mãos, como se as beijassem. Eu interpretava tais atitudes deles como desejo de me manifestarem solidariedade, talvez compreendendo que eu sofria, estava triste e só...

Tudo isso é encantador e comovente, demonstrando que também o animal possui uma alma, uma inteligência, sentimentos, raciocínio, se não iguais ao do homem, pelo menos inferiores aos deste, mas em trabalhos de normal evolução.

Um dia, dentro de milênios, poderão atingir a plenitude humana, quem sabe?

Moral da história

Um simples raciocínio sobre os animais nos leva a compreender que criaturas existentes sob as vistas de Leis criadas pelo Todo-Poderoso não podem permanecer numa inferioridade eterna ou desaparecerem no nada. Tudo tende a evoluir, tudo tende a progredir na marcha para a perfeição, e os animais que nascem têm os mesmos órgãos que nós. Eles amam, sentem, sofrem como nós; manifestam um princípio de inteligência e de raciocínio, não podem deixar de progredir em busca do aperfeiçoamento, movidos por superiores Leis divinas.

Quão mais digna da Sabedoria e da Justiça de Deus é essa convicção do que aquela que vota o animal à eterna inferioridade de uma vida sem alvo nem utilidade!

Estudemos, pois, os animais e os ajudemos sempre, em vez de maltratá-los ou hostilizá-los; façamos deles nossos amigos e não escravos, pois devemos-lhes o nosso concurso protetor; porque, nascidos do mesmo Criador que nos criou, eles, com efeito, são "os nossos irmãos menores".

E fez Deus os animais selváticos, segundo a sua espécie, e os animais domésticos, conforme a sua espécie, e todos os répteis da terra, conforme a sua espécie. E viu Deus que isso era bom. (GÊNESIS, 1:25.)

Vocabulário

Abegão – Homem que trata da abegoaria; feitor de propriedade.

Abegoaria – Lugar onde se recolhe gado ou se guardam utensílios de lavoura, carros, etc.

Antropoide – Semelhante ao homem. Espécime de antropoides, símios catarrinos, sem cauda; os chimpanzés, gorilas e orangotangos.

Evolução – Desenvolvimento progressivo de uma ideia; movimento progressivo de alguma coisa; teoria biológica que admite a transformação progressiva das espécies. A alma evolui progredindo em virtudes e conquistas espirituais. O animal evolui transformando-se biologicamente, impelido por uma lei natural superior, desenvolvendo o princípio inteligente nele existente para progressos intelectuais futuros.

Emulação – Sentimento elevado que nos leva a igualar ou exceder em virtude e merecimentos. Competência, rivalidade, estímulo.

Sábios naturalistas – Sábios que se dedicam à História Natural. Homem partidário do Naturalismo.

Vespa – Inseto himenóptero semelhante à abelha e munido de ferrão como esta. Pessoa intratável e mordaz.

Presença do Amor

Deus te abençoe o pão que dás à porta
Aos romeiros cansados da agonia,
O teto aos que se vão em noite fria
Na dor em que a nudez se desconforta.

Deus te abençoe o raio de alegria
Com que a força da fé se te transporta
No rumo da esperança semimorta
Para trazê-la à glória de outro dia.

Deus te abençoe por tudo quanto fales
Para extinguir tristezas, dores, males
Que se amontoam na penúria imensa...

Deus te abençoe, porém, com mais ternura
A presença da paz e da ventura
De todo amor que dês sem recompensa...

(XAVIER, Francisco Cândido. *Auta de Souza*. Pelo Espírito Auta de Souza).

Referências

ALMEIDA, João Ferreira. *Bíblia sagrada*. Tradutor. ed. rev. e atualizada. Rio de Janeiro: Sociedade Bíblica do Brasil, 1959.

IBGE. *Enciclopédia dos municípios brasileiros*. Rio de Janeiro: IBGE, 1959, v. XVI.

DELANNE, Gabriel. *A evolução anímica*. Rio de Janeiro: Federação Espírita Brasileira, 1938.

_____. *Reencarnação*. 4. ed. Rio de Janeiro: Federação Espírita Brasileira, 1965.

KARDEC, Allan. *O evangelho segundo o espiritismo*. 41. ed. Rio de Janeiro: Federação Espírita Brasileira, 1953.

_____. *A gênese*. 14. ed. Rio de Janeiro: Federação Espírita Brasileira, 1962.

_____. *O livro dos espíritos*. 18. ed. Rio de Janeiro: Federação Espírita Brasileira, 1942.

_____. *O livro dos médiuns*. 28. ed. Rio de Janeiro: Federação Espírita Brasileira, 1964.

XAVIER, Francisco Cândido. *Antologia da criança*. Por Espíritos diversos. São Paulo: IDEAL,1979.

_____. *Antologia mediúnica do natal*. Por Espíritos diversos. Rio de Janeiro: Federação Espírita Brasileira, 1963.

_____. *Auta de Souza*. Pelo Espírito Auta de Souza. Araras: IDE, 1991.

_____. *Parnaso de além-túmulo*. Rio de Janeiro: Federação Espírita Brasileira, 1932.

O que é Espiritismo?

O ESPIRITISMO É UM CONJUNTO DE PRINCÍPIOS E LEIS reveladas por Espíritos superiores ao educador francês Allan Kardec, que compilou o material em cinco obras que ficariam conhecidas posteriormente como a Codificação: O livro dos espíritos, O livro dos médiuns, O evangelho segundo o espiritismo, O céu e o inferno e A gênese.

Como uma nova ciência, o Espiritismo veio apresentar à humanidade, com provas indiscutíveis, a existência e a natureza do mundo espiritual, além de suas relações com o mundo físico. A partir dessas evidências, o mundo espiritual deixa de ser algo sobrenatural e passa a ser considerado como inesgotável força da natureza, fonte viva de inúmeros fenômenos até hoje incompreendidos e, por esse motivo, creditados como fantasiosos e extraordinários.

Jesus Cristo ressaltou a relação entre homem e Espírito por várias vezes durante sua jornada na Terra, e talvez alguns de seus ensinamentos pareçam incompreensíveis ou sejam erroneamente interpretados por essa associação. O Espiritismo surge então como uma chave, que pode explicar tudo mais facilmente e de maneira clara.

A Doutrina Espírita revela novos e profundos conceitos sobre Deus, o universo, a humanidade, os Espíritos e as leis que regem a vida. Ela merece ser estudada, analisada e praticada todos os dias de nossa existência, pois o seu valioso conteúdo servirá de grande impulso a nossa evolução.

Literatura espírita

EM QUALQUER PARTE DO MUNDO, é comum encontrar pessoas que se interessem por assuntos como imortalidade, comunicação com Espíritos, vida após a morte e reencarnação. A crescente popularidade desses temas pode ser avaliada com o sucesso de vários filmes, seriados, novelas e peças teatrais que incluem em seus roteiros conceitos ligados à espiritualidade e à alma.

Cada vez mais, a imprensa evidencia a literatura espírita, cujas obras impressionam até mesmo grandes veículos de comunicação devido ao seu grande número de vendas. O principal motivo pela busca dos filmes e livros do gênero é simples: o Espiritismo consegue responder, de forma clara, perguntas que pairam sobre a humanidade desde o princípio dos tempos. Quem somos nós? De onde viemos? Para onde vamos?

A literatura espírita apresenta argumentos fundamentados na razão, que acabam atraindo leitores de todas as idades. Os textos são trabalhados com afinco, apresentam boas histórias e informações coerentes que se baseiam em fatos reais.

Os ensinamentos espíritas trazem a mensagem consoladora de que existe vida após a morte, e essa é uma das melhores notícias que podemos receber quando temos entes queridos que já não habitam mais a Terra. As conquistas e os aprendizados adquiridos em vida sempre farão parte do nosso futuro e prosseguirão de forma ininterrupta por toda a jornada pessoal de cada um.

Divulgar o Espiritismo por meio da literatura é a principal missão da FEB Editora, que, há mais de cem anos, seleciona conteúdos doutrinários de qualidade para espalhar a palavra e o ideal do Cristo por todo o mundo, rumo ao caminho da felicidade e plenitude.

CADA LIVRO EDIFICANTE É PORTA LIBERTADORA.

O livro espírita, entretanto, emancipa a alma nos fundamentos da vida.

O livro científico livra da incultura; o livro espírita livra da crueldade, para que os louros intelectuais não se desregrem na delinquência.

O livro filosófico livra do preconceito; o livro espírita livra da divagação delirante, a fim de que a elucidação não se converta em palavras inúteis.

O livro piedoso livra do desespero; o livro espírita livra da superstição, para que a fé não se abastarde em fanatismo.

O livro jurídico livra da injustiça; o livro espírita livra da parcialidade, a fim de que o direito não se faça instrumento da opressão.

O livro técnico livra da insipiência; o livro espírita livra da vaidade, para que a especialização não seja manejada em prejuízo dos outros.

O livro de agricultura livra do primitivismo; o livro espírita livra da ambição desvairada, a fim de que o trabalho da gleba não se envileça.

O livro de regras sociais livra da rudeza de trato; o livro espírita livra da responsabilidade que, muitas vezes, transfigura o lar em atormentado reduto de sofrimento.

O livro de consolo livra da aflição; o livro espírita livra do êxtase inerte, para que o reconforto não se acomode em preguiça.

O livro informativo livra do atraso; o livro espírita livra do tempo perdido, a fim de que a hora vazia não nos arraste à queda em dívidas escabrosas.

Amparemos o livro respeitável, que é luz de hoje, no entanto, auxiliemos e divulguemos, quanto nos seja possível, o livro espírita, que é luz de hoje, amanhã e sempre.

O livro nobre livra da ignorância, mas o livro espírita livra da ignorância e livra do mal.

EMMANUEL

Página recebida pelo médium Francisco Cândido Xavier, em reunião pública da Comunhão Espírita Cristã, na noite de 25/2/1963, em Uberaba (MG), e transcrita de Reformador, abr. 1963.

Conselho Editorial:
Jorge Godinho Barreto Nery - Presidente
Geraldo Campetti Sobrinho - Coord. Editorial
Edna Maria Fabro
Evandro Noleto Bezerra
Maria de Lourdes Pereira de Oliveira
Marta Antunes de Oliveira de Moura
Miriam Lúcia Herrera Masotti Dusi

Produção Editorial:
Rosiane Dias Rodrigues

Revisão:
Affonso Borges Gallego Soares
Anna Cristina de Araújo Rodrigues
Jorge Leite

Capa e Diagramação:
Rones José Silvano de Lima – www.bookebooks.com.br

Projeto Gráfico:
Ingrid Saori Furuta

Foto de Capa:
BestPhotoStudio | Agência: Dreamstime.com

Normalização Técnica:
Biblioteca de Obras Raras e Documentos Patrimoniais do Livro

Esta edição foi impressa pela Gráfica arvato Bertelsmann, Osasco, SP, com tiragem de 3 mil exemplares, todos em formato fechado de 160x230 mm e com mancha de 116x178 mm. Os papéis utilizados foram o Lux Cream 70 g/m² para o miolo e o Cartão Ningbo Star C2S LD 300 g/m² para a capa. O texto principal foi composto em fonte Minion Pro 11,5/15,2 e os títulos em FilosofiaGrandCaps 24/25. Impresso no Brasil. *Presita en Brazilo.*